OD
NOWA
PO TRAUMIE

Czuła droga
do poczucia bezpieczeństwa

DEIRDRE FAY

OD NOWA PO TRAUMIE

**Czuła droga
do poczucia bezpieczeństwa**

Przekład: Natalia Mętrak-Ruda

✦Feeria

Tytuł oryginału: *Becoming Safely Embodied. A Guide to Organize Your Mind, Body and Heart to Feel Secure in the World*
Przekład: Natalia Mętrak Ruda
Opieka redakcyjna: Maria Zalasa
Redakcja: Marta Stęplewska-Przybyłowicz, Anna Taraska, Maria Zalasa
Korekta: Dominika Kowalska

Projekt okładki i stron tytułowych: Joanna Wasilewska / KATAKANASTA
Zdjęcie na okładce: Freepik.com
Skład: Norbert Młyńczak
Druk: Abedik SA

ISBN 978-83-67931-34-2
Wydanie I, Łódź 2024

JK Wydawnictwo, ul. Krokusowa 3, 92-101 Łódź
tel. 42 676 49 69
www.wydawnictwofeeria.pl

Dziękuję wszystkim, którzy opowiedzieli mi o swoim życiu i swojej walce. Inspirowaliście mnie, motywowaliście, daliście mi siłę, by odnaleźć zaufanie.

Pielęgnujmy wspólnie świat, w którym chcemy żyć.

Spis treści

PODZIĘKOWANIA

Wielkim darem jest dla mnie wspomnienie o ludziach, którzy mnie ukształtowali i byli moimi przewodnikami podczas osobistej i zawodowej podróży. Przede wszystkim o tych, których nie mogę wymienić z nazwiska: o moich klientach, którzy pracowali ze mną indywidualnie i grupowo, na żywo i online. Inspirują mnie nieprzerwanie i pomagają lepiej wprowadzać w życie nauczane umiejętności. Towarzyszenie im w drodze do uzdrowienia jest prawdziwym darem.

Wiele umiejętności z Programu Bezpiecznego Ucieleśniania (Becoming Safely Embodied, BSE) powstało podczas mojego sześcioipółletniego pobytu w jogowej aśramie. Przyjaciele z tamtego czasu ukształtowali całe moje życie. W tym samym okresie mieszkała tam moja siostra Sheila; mam szczęście mieć siostrę pełną prawdy, uczciwości i życzliwości. Thomas Amelio (Shivanand) przedstawił mnie nauczycielom i zapoznał z ideami, które przyniosły mi oświecenie. Anna Pool była przez lata kochającą przyjaciółką. Pat Sarley zainspirowała mnie, by żyć świadomie.

Miałam szczęście uczyć się medytacji od niezwykłych ludzi. Siostra Kieran Flynn (z zakonu Sióstr Miłosierdzia) była moją przewodniczką w miejscach cichego odosobnienia i podczas treningu duchowego. Michelle McDonald Smith i Sharon

Salzberg nauczyły mnie wielu zawiłości praktyki mindfulness i koncentracji. Jean Klein, jogin Advaita, wskazał mi drogę świadomości poprzez swoją naukę i obecność. Pod jego przewodnictwem sama nauczyłam się bezpiecznego ucieleśniania. Twórca medytacji Jewel Heart Gehlek Rimpoche ukształtował moje myślenie i pomógł mi rozwinąć moją praktykę medytacyjną. Dan Brown wspierał moją praktykę mahamudra, a także dał mi solidne podstawy w kwestii teorii przywiązania, za co będę mu wdzięczna na zawsze.

Miałam szczęście pracować w Trauma Center z Besselem van der Kolkiem, jednym z największych wizjonerów w kwestii badania stresu pourazowego. Wszyscy jesteśmy beneficjentami jego wkładu w tę dziedzinę. Bessel zebrał zespół niezwykłych terapeutów, którzy stworzyli środowisko nauki oparte na hojności i współpracy. Jodi Wigren, Sarah Stewart, Patti Levin, Kevin Becker, Deborah Korn, Jodie Wigren, Deborah Rozelle, Elizabeth Call, Richard Jacobs, Paula Morgan-Johnson i Joanne Pomodoro miały ogromny wkład w budowanie tego zespołu. Janina Fisher była moją mentorką, superwizorką i przyjaciółką. Książka ta zrodziła się z jej wiary w skuteczność mojej techniki bezpiecznego ucieleśniania w pracy grupowej, którą następnie rozwijałyśmy wspólnie. Mam u niej dług za jej łagodne „szturchnięcia", bez których ta książka nigdy by nie powstała.

Jestem również wdzięczna za naukę w ramach modelu terapii skoncentrowanej na systemie (Systems Centered Therapy) Yvonne Agazarian. Michael White ze swoim podejściem terapeutycznym zwanym terapią narracyjną wpłynął na mnie na wczesnym etapie. Nancy Napier pomogła mi w procesie konceptualizacji tej książki. Jestem niezwykle wdzięczna Frankowi Corriganowi,

Chrisowi Germerowi, Celii Grand, Rickowi Hansonowi, Liz Hall, Joan Klagsbrun, Jeri Schroeder, Paulowi Gilbertowi, Hannah Gilbert i całej społeczności związanej z nurtem terapii skupionej na współczuciu. Na początku mojej pracy miałam też szczęście pracować z Pat Ogden w Sensorimotor Psychotherapy Institute.

Doceniam uważną redakcję tej książki autorstwa Patricka Faya, Courtney Donelson i Sarah Greene z firmy Vocem. Chciałam się też zwrócić do mojego partnera w pracy i w życiu Johna Volpe Rotondiego, który pomaga mi przez cały czas: wypełniasz miłością każdą chwilę mojego życia. Dziękuję!

Miałam szczęście uczyć się od utalentowanych i pełnych mądrości nauczycieli. Wszystkie błędy, które znalazły się w tej książce, są po prostu wynikiem mojej ciągłej walki z głębią zawartego w niej materiału.

PRZEDMOWA

Doświadczenie traumy wpływa nie tylko na nasz umysł, emocje i przekonania, ale także na ciało. W momencie zagrożenia życia nasz „zwierzęcy umysł" wyprzedza przemyślane podejmowanie decyzji, każąc nam uciekać, stapiać się z otoczeniem, ukrywać się, odwzajemniać cios lub kulić się i czekać, aż wszystko minie – zależnie od tego, co najskuteczniej pomoże nam przetrwać. Całe dekady po tym, jak umysł zdołał zrozumieć, że nic nam już nie grozi, ciało wciąż reaguje, jakby znajdowało się w śmiertelnym niebezpieczeństwie. Codzienne bodźce, które bezpośrednio lub pośrednio przypominają o traumie, wyzwalają te same instynktowne reakcje cielesne, które pozwoliły nam przeżyć. To, co kiedyś było reakcją na silny stres, stało się teraz symptomem. Ciało, które użyło swoich zwierzęcych instynktów, by negocjować z niebezpiecznym światem, wydaje się teraz raczej wrogiem niż sojusznikiem. Jak na ironię, dokładnie te same reakcje, które pomagają nam zachować integralność fizyczną i psychologiczną w momencie zagrożenia, stają się symptomem postraumatycznego stresu po miesiącach czy latach od traumatycznego wydarzenia Co gorsza, ciało i umysł osoby, która przetrwała traumę, lepiej funkcjonują w sytuacji zagrożenia niż w warunkach spokojnych czy przyjemnych.

Dzięki postępowi technologicznemu, który pozwala nam badać reakcje mózgu i układu nerwowego na bodźce, naukowcy zaobserwowali, że narracyjne wspomnienia traumatycznych wydarzeń powiązane są z intensywnym pobudzeniem autonomicznego układu nerwowego (van der Kolk & Fisler, 1995). Nawet „myślenie o myśleniu" o wspomnieniach często wystarczy, by aktywować układ nerwowy – jak gdyby zdarzenia rozgrywały się tu i teraz. Próby radzenia sobie z historią traumy przy wykorzystaniu terapii narracyjnej stają się często skomplikowane, kiedy opowiadanie historii przywołuje intensywne reakcje, które zamiast rozwiązywać problem, pogłębiają symptomy klienta.

Kiedy ocaleniec decyduje się na terapię grupową lub indywidualną, neurobiologiczne i psychologiczne efekty działania hiperaktywnego układu nerwowego i ukształtowanych przez traumę schematów emocjonalnych i przywiązania bywają często tak głęboko zakorzenione i nawykowe, że subiektywnie odczuwane są już jako „to, kim jestem". Klient zidentyfikował się z symptomem i nie potrafi już przypomnieć sobie ani ubrać w słowa swojej historii: oto „ja". Ponadto rozwijają się inne objawy, które stanowią próbę radzenia sobie z przytłaczającymi doświadczeniami fizycznymi i emocjonalnymi: samookaleczanie i myśli samobójcze, wstyd i niechęć do samego siebie, izolacja, samopoświęcenie, rewiktymizacja czy uzależnienie. Wszystkie te schematy to różne sposoby regulowania rozchwianego układu nerwowego: samookaleczanie i planowanie samobójstwa wywołują wyrzut adrenaliny, który daje uczucie spokoju i kontroli; głodzenie się i przejadanie powodują otępienie; izolacja pozwala na unikanie bodźców związanych z traumą; uzależnienia z kolei powodują albo otępienie, albo podniecenie (albo kombinację obu tych stanów).

W tradycyjnych modelach psychoterapeutycznych zakładano zawsze, że opowiedzenie swojej historii i ponowne przeżycie uczuć związanych z trudnym doświadczeniem pomaga samoistnie wygasić te reakcje. Doświadczenie kliniczne i aktualne badania neurobiologiczne mówią co innego: ludzki umysł i układ nerwowy reagują na wspomnienie przeszłego zagrożenia tak, jakby ono nie minęło, chyba że kora czołowa jest zdolna rozróżnić rzeczywiste niebezpieczeństwo od jego wspomnienia. Żeby „odczulić" czy przeobrazić traumatyczne wspomnienie, musimy zmienić sposób, w jaki reaguje na nie umysł i ciało: przywrócić aktywność w płatach czołowych, która pozwoli inaczej interpretować symptomy lub inaczej na nie reagować. Musimy przeciwdziałać reakcjom nawykowym, zwracając na nie uwagę, ucząc o nich, wzywając do uważności i ciekawości, które zastąpią reaktywność, ustanawiając takie tempo badania przeszłości, które pozwoli lepiej regulować autonomiczny układ nerwowy w procesie zdrowienia, a także wspierając rozwój nowych reakcji na wyzwalacze czy wspomnienia, które zaczną rywalizować z reakcjami nawykowymi. Musimy podać w wątpliwość subiektywną percepcję straumatyzowanych klientów, wierzących, że ich symptomy to po prostu „to, kim są".

Poznałam Deirdre Fay w 1998 roku w Trauma Center, klinice i centrum badawczym, którego założycielem i dyrektorem był Bessel van der Kolk. Deirdre została tam właśnie zatrudniona ze względu na wieloletnie doświadczenie w praktyce jogi i mindfulness. W tamtym okresie badania neurobiologiczne dotyczące traumy zaczęły wskazywać, że skuteczna terapia nie może ignorować ciała, a w centrum potrzebny był specjalista, który pomógłby w rozwijaniu tego nowego podejścia. Kiedy zaczęłam wysyłać klientów do grup opartych na metodzie bezpiecznego ucieleśniania Deirdre Fay, miałam nadzieję na rezultat, na który liczą wszyscy terapeuci indywidualni: że moi klienci znajdą tam wsparcie i możliwość uniwersalizacji swoich symptomów. Nie byłam gotowa na natychmiastowe, gwałtowne zmiany w poziomie ich zaangażowania w terapię indywidualną. Tydzień po tygodniu obserwowałam, jak klienci uczęszczający do grupy Deidre czynią nieporównywalnie szybsze postępy od pozostałych. Klientka, z którą prowadziłam niekończące się rozmowy o jej sytuacji rodzinnej, nagle zrozumiała, na czym polega jej problem, po spotkaniu poświęconym tematowi granic, podczas którego zastosowano podejście oparte na doświadczeniu zamiast na wiedzy. Klient mający za sobą długą, bolesną historię straty rodziców i rodzeństwa, niespodziewanie odnalazł pocieszenie w grupie skupiającej się na temacie przynależności. Wciąż opanowana przez gniew, niedojrzała klientka nabyła umiejętności, z których zaczęła korzystać, by regulować swoje stany emocjonalne, zamiast w nich tonąć.

W kolejnych latach miałam szansę osobiście poznać technikę bezpiecznego ucieleśniania jako współprowadząca w grupach Deirdre Fay. W rezultacie nauczyłam się doceniać prostotę i kreatywność tego podejścia i zaczęłam naciskać na Deirdre, by opublikowała swoje prace, tak by stały się dostępne dla terapeutów i klientów na całym świecie. Z pozoru prosty model zawiera podstawowe składniki programu leczenia traumy i rozbija je na małe, realistyczne etapy. Praktyka uważnej obserwacji, na przykład, jest niezbędna do walki z automatycznymi, niezamierzonymi, instynktownymi reakcjami na wyzwalacze traumy. Świadome skupienie na pielęgnowaniu poczucia przynależności może podważyć nawykowe przekonania, takie jak „nie pasuję tu" czy „nie jestem dla nikogo ważny". Rozwijanie umiejętności dystansowania się od przytłaczającego doświadczenia, by zbadać jego elementy (myśli, uczucia i wrażenia cielesne) jest konieczne, by nauczyć się modulowania aktywności autonomicznego układu nerwowego. Odróżnianie faktów od uczuć i nauka bycia „obecnym tu i teraz" pomagają w odróżnianiu przeszłości od teraźniejszości. Klienci, którzy nie potrafią dokonywać tych rozróżnień, przez całe dekady po traumatycznych doświadczeniach czują się wystawieni na zagrożenie. Wreszcie, nauka świadomego wyboru nowych reakcji lub świadomej zmiany perspektywy staje w kontrze do przekonania, że nic się nigdy nie zmieni, że ocaleniec jest bezradny w obliczu aktywacji układu nerwowego, przytłaczających emocji i przekonań, że jest wybrakowany i zniszczony. Wciąż pamiętam klientkę, której pesymizm i przekonanie o własnych i cudzych defektach zostały nagle odmienione dzięki temu, że zgodziła się opowiedzieć tę samą historię z dwóch różnych perspektyw. Pierwsza brzmiała tak, jak się spodziewałam: były w niej złość, gorycz, beznadzieja i samotność. Druga historia podarowała jednak klientce dostęp do świata pełnego możliwości; była to ta sama opowieść wygłoszona w sposób afirmujący, czuły, emocjonalny, pełen wiary w człowieka. Gdyby klientka nie wykonała tego ćwiczenia, wciąż spodziewałaby się po sobie najgorszego, a terapeutka nadal słuchałaby wyłącznie najgorszej wersji historii.

Dr Janina Fisher
Oakland, Kalifornia

MOTYWACJA

W edług dawnych tradycji mądrościowych z najróżniejszych kultur świata rozpoczynając medytację lub projekt, powinniśmy mieć jasną motywację. Jako że w mojej pracy praktyki kontemplacyjne łączą się z teorią przywiązania, jogą i psychologią traumy, wypada, bym i ja podzieliła się tym, co mnie motywuje, i co przyczyniło się do rozwoju tych umiejętności i powstania tej książki.

Interesuje mnie metoda, dzięki której możemy poczuć się w naszym ciele, umyśle i sercu pewnie, stabilnie i bezpiecznie. Motywuje mnie odnajdowanie prostych, praktycznych umiejętności, które pozwalają ludziom żyć życiem pełnym, bogatym i satysfakcjonującym w relacji z innymi i światem.

Wprowadzenie do

METODY BEZPIECZNEGO UCIELEŚNIANIA

W lustrze odbijała się ta sama osoba. Jak zawsze. Ale tamten dzień, wiele dekad temu, był inny. Ćwiczyłam w siłowni – zawsze to bardzo lubiłam. Jednak tamtego dnia spojrzałam w lustro i zrozumiałam: to jestem ja. To było przedziwne uczucie: zdać sobie sprawę, że ktoś żyje w mojej skórze. Byłam przyzwyczajona do ćwiczeń fizycznych, pracy nad siłą i elastycznością ciała, ale jakimś cudem wciąż nie nawiązałam relacji z istotą znajdującą się wewnątrz mnie.

Choć ciężko nad sobą pracowałam, zdałam sobie sprawę, że nie zamieszkuję w pełni triady ciało-umysł-serce. Odkrycie to przyszło do mnie pod koniec lat osiemdziesiątych, kiedy mieszkałam w aśramie, w której praktykowano jogę, i kiedy akurat powróciła do mnie historia mojej własnej traumy. Jednego dnia medytowałam, praktykowałam jogę, trenowałam do triatlonu, a następnego nie byłam w stanie wstać z łóżka ani nauczać, co dotąd przychodziło mi z łatwością. Jak to się stało, że najpierw doświadczałam mojego ciała jako świątyni duszy… a potem znalazłam się w stanie chaosu, zagubienia i niemal ciągłego niepokoju? Chcąc znaleźć odpowiedź na to pytanie, wróciłam do podstaw: połączyłam jogę, medytację i świadomość bycia w ciele. Niniejsza książka, która ma swoje korzenie w moim doświadczeniu, rozwiniętym dzięki grupom prowadzonym przeze mnie na szpitalnych oddziałach, w Trauma Center i w ramach prywatnej praktyki, stanowi wstęp do tego podejścia.

Umiejętności bezpiecznego ucieleśniania (Becoming Safely Embodied, BSE) powstały i rozwinęły się w ramach platformy integrującej praktykę duchową i psychologię. Od czterdziestu lat praktykuję jogę i medytację, zaś od trzydziestu pięciu wykładam i prowadzę psychoterapię – m.in. w ramach gestalt, praktyki systemowej, terapii sensomotorycznej i modelu wewnętrznych systemów rodzinnych. Moje doświadczenie w pracy z tymi modelami, z których każdy w wyjątkowy sposób podchodzi do kwestii zdrowia i jedności ciała i umysłu, było najważniejszym źródłem mojego zdrowienia. Wszystkie te metody pomagają mi leczyć innych z traumy.

Podczas mojego kształcenia stosowałam te umiejętności i praktyki w pracy z pacjentami cierpiącymi na zaburzenia dysocjacyjne w dużym szpitalu klinicznym. Moi współpracownicy dowiedzieli się, że spędziłam wiele lat na praktyce jogi i medytacji i wszyscy byli ciekawi, czy te doświadczenia mogą się okazać pomocne. Wieczorami, kiedy moja zmiana dobiegała końca, spędzałam czas z pacjentami oddziału i badałam, co im pomaga. Wówczas nauczyłam się, jak „budować rusztowania" wokół różnych koncepcji (Lyons-Ruth), tak by stały się łatwiej dostępne dla innych. Jestem bardzo wdzięczna za tamten czas.

Rozwój umiejętności BSE obejmował również badania prowadzone wspólnie z innymi wieloletnimi praktykami jogi i medytacji. Po sześciu latach spędzonych w aśramie zaciekawiło mnie, co przydarza się joginom, których historie traumy rozpoczęły się w okresie, gdy brali oni udział w intensywnych praktykach duchowych. Zastanawiałam się, czy praktyki te ułatwiają im przebywanie we własnym ciele. Czy posiadanie duchowej ramy wspiera w zdrowieniu z traumy nawet wtedy, gdy cały ten proces jest niezwykle trudny? A jeśli tak, to czy da się z powodzeniem połączyć współczesne metody psychoterapeutyczne z głęboką, uzdrawiającą praktyką, tak by powstała przystępna metoda wychodzenia z traumy?

Nauczanie i stosowanie wszystkiego, czego dowiedziałam się podczas tych poszukiwań, stało się podstawą niniejszej książki. Ludzie medytujący od wielu lat wielokrotnie powtarzali mi, że w procesie zdrowienia potrzebne im były zarówno medytacja, jak i psychoterapia. Mnie to także dotyczy. Mimo lat praktyki duchowej potrzebowałam solidnej terapii traumy, żeby uspokoić moje wewnętrzne burze. Nieprzerwanie rozwijając własną praktykę jogi i medytacji, odkryłam głęboką mądrość ciała/serca/umysłu, która stanowiła remedium na uczucia rozpaczy i rezygnacji i pozwoliła mi zwrócić się ku życiu w zgodzie ze sobą, pełnemu empatii i spokoju umysłu.

Podczas pracy z klientami indywidualnymi odkryłam, że potrzebuję sposobów, by pomóc ludziom w uporządkowaniu i zrozumieniu ich zagmatwanego życia, czemu towarzyszyć miał także ich ciągły rozwój i rozkwit. Przychodzili oni na terapię jeden czy dwa razy w tygodniu, a przez pozostałe dwadzieścia trzy godziny tego dnia i w inne dni byli sami. Wielokrotnie, gdy nasz wspólny czas dobiegał końca, wiedzieli, że muszą wyjść, ale nie chcieli znów zostać sami. Te chwile nakłoniły mnie do poszukiwania sposobów na wsparcie klientów podczas wszystkich tych godzin pomiędzy sesjami terapii. Ludzie, którzy brali udział w grupach BSE, mieli dobrych terapeutów. Ciężko z nimi pracowali. A jednak potrzebowali czegoś więcej. Potrzebowali wsparcia w życiu pomiędzy sesjami. To z tej potrzeby zrodziły się umiejętności bezpiecznego ucieleśniania.

Przez lata pracy z ocaleńcami z traumy i osobami cierpiącymi z powodu najróżniejszych problemów – od dysocjacji po zranienia więzi, od poczucia wstydu po przewlekły stres – coraz silniej odczuwałam wzruszenie, widząc, jak mocno, mimo rozpaczy, pragną poczuć się lepiej. Bezpieczne ucieleśnianie stanowi ustrukturyzowaną, lecz elastyczną metodę, która okazała się skuteczna zarówno w moim życiu prywatnym, jak i zawodowym.

W niniejszej książce używam słowa „trauma" na określenie szerokiej gamy wyzwań, z którymi mierzy się wielu z nas. Badania wykazały, że trudniej jest nam radzić sobie z traumą, kiedy ignorujemy kryjące się za tymi wyzwaniami zranienia więzi, ponieważ doświadczenie ciała nie idzie w parze z naszym rozumieniem tego, co się stało. Eugene Gendlin zapraszał nas na „wewnętrzne doświadczenie" tego, co dzieje się w środku. Daniel Stern pisał o „afektach witalnych" (*vitality affects*), zaś terapeuci ciała tacy jak Susan Aposhyan mówią o „energii pulsacyjnej" (*pulsatory energy*). Ludzie dotknięci traumą często błędnie odczytują swoje wewnętrzne sygnały i boją się, co może się z nimi stać, gdy dopadnie ich cierpienie.

Na przestrzeni lat, podczas pracy z ludźmi w różnych okolicznościach – z klientami w różnym stopniu dotkniętymi PTSD czy zaburzeniami dysocjacyjnymi – raz po raz odkrywałam, że proste, praktyczne i konkretne umiejętności, jakich uczy BSE, pomagają im sobie radzić z wieloma ranami emocjonalnymi i psychologicznymi. Rozumiana możliwie najszerzej metoda ta działa w przypadku wielu problemów – od traumy po dysocjację, od zranienia więzi po poczucie wstydu, przewlekły stres i tak dalej. Przez dwadzieścia lat prowadzenia grup BSE na żywo i online byłam świadkinią wytęsknionych przemian u tysięcy dotkniętych traumą ludzi, którzy wreszcie zaczęli żyć pełnią życia. Niektórym może wystarczyć samodzielne praktykowanie tych umiejętności, zdarza się jednak, że konieczna jest indywidualna terapia. Fundamentalnie ważny jest tu zaufany terapeuta, który zwraca uwagę na wiele warstw psychicznego zdrowienia. Terapia indywidualna zapewnia przestrzeń i wspierające okoliczności, które pozwalają uważnie wsłuchać się w siebie i wydobyć to, co zranione i wyparte. W codziennym życiu często nie jest to możliwe.

Wykształcenie struktury pozwalającej na zagłębianie się w zranione miejsca, a następnie opuszczenie ich, sprawia, że proces zdrowienia staje się łatwiejszy i bardziej zrównoważony. Przyjmowanie i akceptacja różnych części nas samych i naszych doświadczeń, a także tworzenie przestrzeni na „niewzruszony fundament" wymaga integracji wielu dyscyplin.

Jak często powtarzam sobie i innym, nie ma jednej właściwej drogi. Na szczęście nie ma też złej drogi. Musimy zdobywać kolejne umiejętności, dostosowywać się do różnych okoliczności, korzystać z różnych narzędzi. Mam nadzieję, że umiejętności BSE staną się jednym z nich i pomogą ci żyć tak, jak tego pragniesz.

Poznawanie ich nie wymaga przyjęcia perspektywy duchowej. W każdym przypadku stanowią one zaproszenie na spotkanie z tym, co wie ciało i do czego tęskni serce.

Jako że uczę bezpiecznego ucieleśniania od dziesięcioleci i wykształciłam wielu profesjonalistów, czuję ogromną wdzięczność, widząc, jak metoda BSE rozprzestrzenia się po świecie.

W ciągu ostatnich lat bardzo wiele osób dostrzegło, że umiejętności BSE czynią ich wewnętrzny świat lepiej zrozumiałym i bardziej dostępnym, a praktykowanie tej metody pozwala na przeobrażenie dawnych, bolesnych wzorców we wzbogacający, wzmacniający sposób życia.

Zanurz się. Spróbuj. Zobacz, co się zmienia. Coś się otworzy. Pozwól sobie na zaskoczenie. Bezpieczne ucieleśnianie pomoże ci zyskać świadomość tego, jak działa twoje wnętrze i co należy zmienić.

Nasze ciała są świątyniami duszy

Pradawne tradycje zachęcają nas, byśmy wejrzeli w ciało, które jest schronieniem dla naszego serca i otwiera drzwi duszy. W jodze i innych tradycjach duchowych ciało uważa się za świątynię duszy. Psychologia jogi wskazuje, że istnieje wiele powłok bytu – *koshas* – które zapewniają dostęp do różnych sposobów zdobywania wiedzy. Szkolenie, jakie odebrałam w ramach różnych tradycji mistycznych, podkreśla znaczenie serca i jego powłok zamkniętych w ciele.

Jest tu obietnica – i zaproszenie dla nas. A jednak wielu ocaleńców nie wyobraża sobie nawet, że ich ciało może być bezpieczne, a tym bardziej święte, a tym samym odmawiają sobie doświadczania życia w sposób bezpiecznie ucieleśniony. Ich świat wewnętrzny jest często chaotyczny i przerażający, a ciała stają się depozytariuszami strachu i bólu. Ocaleniec z traumy opisuje swoje ciało nie jako świątynię, ale jako zbezczeszczoną, wypaloną ziemię.

Nasze wyzwania obejmują: uzdrawianie naszych wewnętrznych światów, zintegrowanie naszego wrodzonego dążenia do współczucia i szukania możliwości, kierowanie się ciekawością, robienie kroków, które mają nas prowadzić od poczucia zagrożenia i zagubienia ku życiu w swojej własnej skórze i otwarcie się na mądrość, która naturalnie przez nas przepływa.

Bezpieczne ucieleśnianie przychodzi, kiedy łączymy nasz świat wewnętrzny z zewnętrznym. Do tej integracji i osiągnięcia pełni prowadzą nas dwie osie. Kiedy łączymy się z ludźmi, zdarzeniami i okolicznościami zewnętrznymi, łączymy się z naszą osią poziomą. Nasze relacje z życiem stanowią pomost między światem zewnętrznym a wewnętrznym. To powiązanie łączy nas poprzez nasze ciała, zapewniając sposób na integrację z samymi sobą.

Oś pionowa łączy naszą psychikę z ciałem zmysłowym – z doświadczeniem serca – przez co otwiera drzwi do naszej wewnętrznej mądrości, a także do relacji poprzez ziemię ze świętą ekspresją mądrości wrodzonej, i poprzez kanał ciała daje nam dostęp do świętej boskiej jedności. Gdy spojrzeć z tej perspektywy, nasze serce jest połączeniem między tym, co poziome, a tym, co pionowe.

W mojej praktyce zawodowej odkryłam, że warto nie tylko patrzeć na klientów jako na jednostki, ale także dostarczać im dobrze zaplanowaną metodę działania wraz z sugestiami, co powinni robić krok po kroku. W ciągu dnia czy tygodnia osoba cierpiąca z powodu traumy jest samotna i musi sobie radzić z chaosem wokół przez bardzo wiele godzin. Pisząc tę książkę, chciałam pokazać ci, co zadziałało w przypadku pojedynczych pacjentów i grup, by pomóc ci w bezpiecznym ucieleśnianiu. Ten poradnik zawiera więc opis małych kroków, które pozwolą ci uchylić drzwi do twojego wewnętrznego świata i zacząć odróżniać to, co dzieje się teraz, od tego, co wydarzyło się w przeszłości. To pozwoli ci wsłuchać się w wewnętrzną mądrość, która doprowadzi cię do samego siebie.

System BSE jest zarówno mapą, jak i przewodnikiem. W niniejszej książce znajdziesz dziewięć kluczowych umiejętności, które pomogą ci poczuć się lepiej w twoim wewnętrznym świecie, pielęgnować ciało, które stanie się bezpiecznym miejscem wypoczynku, refleksji i dobrostanu, i podjąć kroki, dzięki którym stworzysz dla siebie upragnione życie zamiast tego, które pisze dla ciebie twoja historia.

Jeśli podążasz własną drogą ku zdrowiu i chcesz wykorzystać te umiejętności w głębszym wymiarze, istnieje wiele sposobności, by uczyć się, wzrastać i rozkwitać z wykorzystaniem techniki bezpiecznego ucieleśniania. Przez lata wielu ludzi dzieliło się ze mną opowieściami o tym, jak wzięło do rąk tę książkę i wybrało tylko jedno ćwiczenie, które zmieniło wszystko. Wciąż słyszę o tym od osób, które ją czytały, wzięły udział w kursie bezpiecznego ucieleśniania online lub dołączyły do naszych grup.

Czy chcesz posłuchać inspirujących historii i zajrzeć do innych, darmowych źródeł? Chciałam podzielić się nimi ze światem, więc… stworzyłam specjalny dział ze źródłami online: dfay.com/resources*.

---

* Wszystkie materiały na stronie internetowej autorki, do których odsyła ona czytelników tej książki, są w języku angielskim (przyp. red).

Uwaga dotycząca pracy z klientami i grupami: Jeśli jesteś profesjonalnym terapeutą czy doradcą i chcesz poznać umiejętności bezpiecznego ucieleśniania w sposób pogłębiony, napisz, proszę, na adres support@dfay.com, żeby uzyskać więcej informacji o moich programach certyfikacji zawodowej. Różnorodne darmowe materiały dla profesjonalistów (w tym ulotki dla grup) i źródła pomocne na własnej drodze do zdrowia znajdziesz na mojej stronie internetowej.

Praca grupowa może mieć szczególne znaczenie dla osób, które czują się osamotnione albo uważają, że nikt nie zrozumie ich doświadczenia. W sieci bezpiecznego ucieleśniania ludzie odkrywają, że nie są sami, że mogą uczyć się od innych i wspierać siebie nawzajem. Obserwowanie, jak ludzie dzielą się swoimi doświadczeniami z grupą i zdają sobie sprawę, że mają wpływ na proces zdrowienia drugiej osoby, daje dużą radość. To, czego się nauczyli, okazuje się być darem dla innych i dla nich samych. Poszczególne grupy stają się częścią większej sieci bezpiecznego ucieleśniania i depozytariuszami bliskości, przynależności i mądrości zbiorowej. Jestem wciąż pod ogromnym wrażeniem tego, jak na naszych kursach, w grupach i podczas wyjazdów zbudowane zostało wewnętrzne doświadczenie przynależności i bezpieczeństwa.

CZĘŚĆ I

FUNDAMENTY

ZASADY BEZPIECZNEGO UCIELEŚNIANIA

Z anim szczegółowo przedstawię wszystkie dziewięć umiejętności, chciałabym zapoznać cię z głównymi stojącymi za nimi zasadami.

Praktyka. Kluczowe jest ćwiczenie się w tym, czego zamierzasz się nauczyć. Dzięki praktyce oswoisz się z umiejętnościami BSE i łatwiej je zapamiętasz. Wreszcie zmienią się w nowy, ucieleśniony nawyk i zaczyną zastępować stare, dysfunkcyjne sposoby bycia. W każdym segmencie dotyczącym poszczególnych umiejętności znajduje się element praktyki. Jest szczególnie ważny, bo dzięki niemu się uczysz i zyskujesz dostęp do własnej mądrości.

Dziennik i wspólnota. Pisanie dziennika umożliwia obserwowanie zachodzących zmian i pozwala ci dostrzec, dlaczego w ogóle to robisz, dzięki czemu wzmacniają się twoja odwaga i determinacja, dając ci nadzieję i wsparcie na twojej drodze. Bardzo ważne jest także znalezienie pozytywnej wspólnoty – ludzi, którzy pomogą ci zmienić stare schematy zachowania. Wiele osób odnajduje ją w kościele, na zajęciach jogi czy w innych grupach treningowych albo podczas spotkań online. Najważniejsze to trafić na towarzyszy, pośród których poczujesz się bezpiecznie.

Uzdrawiające jest już samo wyjście z izolacji i odosobnienia. Podczas lat spędzonych na dzieleniu się tymi umiejętnościami jednym z najbardziej inspirujących doświadczeń było dla mnie obserwowanie, jak ludzie wsłuchują się w swoje serca i zaczynają ufać własnej wiedzy. To dar wspólnej praktyki. Kiedy praktykujesz z innymi osobami o podobnej historii, odkrywasz, że nikt nie jest sam. Doświadczasz braterstwa. Członkowie grup, które prowadzę (online czy na żywo), uczą się od siebie, a ich wiedza wspiera zdrowienie innych w ich gorszych i lepszych chwilach. Kiedy kierujemy się silną, wspólną intencją, stajemy się podtrzymującą się nawzajem i autentycznie ciekawą siebie nawzajem społecznością. Oczywiście ciebie też zapraszamy! Jeśli potrzebujesz więcej wsparcia, rozważ wstąpienie do Safely Embodied Learning Community (SELC), która pomoże ci pogłębić twoją praktykę z pomocą podobnych ci osób. Jeśli chcesz dowiedzieć się, jak dołączyć do SELC, wejdź na stronę: dfay.com/SELC.

Bezpieczeństwo rodzi się z obecności. Kluczem do zdrowienia jest nauczenie się, jak żyć w chwili obecnej. Kiedy powraca do ciebie przeszłość – twoja trauma – wpadasz w spiralę strachu, niepewności, depresji i wstydu. Jedną z najważniejszych nauk płynących z bezpiecznego ucieleśniania jest oddzielanie przeszłości od teraźniejszości. Bezpieczeństwo możesz znaleźć tylko tu i teraz, w chwili obecnej. Kiedy się w niej osadzisz, cały ciężar dawnych przeżyć i nieznana przyszłość przestaną ci ciążyć. Zarządzanie życiem stanie się łatwiejsze. Kiedy potrafisz zaufać sobie samemu i jesteśmy świadomy twoich zmieniających się myśli, uczuć i wrażeń, otrzymujesz ciągły pozytywny feedback.

Praktyka medytacji zapewnia dwie fundamentalne umiejętności, przydatne w poruszaniu się po swoim wewnętrznym świecie: uważność i koncentrację. Obie te umiejętności są szerzej opisane w rozdziale o medytacji. Uważność uczy patrzeć bez oceniania, zaś praktyka koncentracji rozwija zdolność skupienia się na konkretnej sprawie. Jest to szczególnie ważne dla osób, które przeżyły traumę.

Radzenie sobie z powracającymi wspomnieniami jest tego przykładem. Kiedy uda ci się skupić na czymś w teraźniejszości (na przykład na oddychaniu lub zmysłowym doświadczeniu patrzenia na coś lub dotykania czegoś), być może będziesz umiał powstrzymać falę labilności emocjonalnej, kiedy *flashback* wciągnie cię w doświadczenie dawnej traumy.

Wielu osobom ogromnie pomagają ramy duchowe. Nie sposób logicznie wyjaśnić, czemu ludzie doświadczają na tym świecie tyle bólu i cierpienia. Uwzględnienie możliwości istnienia uniwersalnej siły może pomóc okiełznać cierpienie i ustanowić dla niego kosmologiczne ramy. Dostęp do czystych, mądrych, godnych zaufania wewnętrznych impulsów i intuicji może stanowić remedium na rozpacz i budować poczucie siły i nadziei.

Nie sposób zrobić tego źle. To kamień węgielny nowego podejścia, mantra, którą powinieneś powtarzać w nieskończoność! Nie ma właściwego sposobu. Nie ma też złej drogi. Uczysz się na „błędach", dzięki którym rozwijasz się i umacniasz. Błędy są kluczowe… To gleba, na której rośnie mądrość. Pomagają budować podejście oparte na współczuciu wobec siebie samego. Coś się wydarzyło. Sprawy nie potoczyły się tak, jak byś chciał. Przyjmowanie tych chwil z empatią pozwala rozwinąć wewnętrzny ekosystem, pozwalający inaczej doświadczać życia. Błędy stają się mądrością.

Nie bój się eksperymentować, dostosowując kierunki i strategie do własnych potrzeb. Nie ma tu skali ocen i nikt nie oczekuje, że zrobisz coś „właściwie". Nie ma „złego wyniku". Są tylko poszukiwania. Rozwijaj swoją ciekawość... zauważ, jak interesujący i wciągający jest twój wewnętrzny świat. Jasne, są w nim ból i smutek. Ale jest w nim też znacznie więcej. Kiedy skupiasz się tylko na tym, co złe i bolesne, przegapiasz spokój, swobodę i iskrzącą się żywotność twojego doświadczenia. Daj sobie szansę na to, by to, co się wydarza, zaskoczyło cię i zachwyciło.

Użyj umiejętności BSE i sprawdź, co nastąpi. Z ciekawością otwieraj drzwi do twojego wewnętrznego świata.

PROSTE, POMOCNE TECHNIKI ODDECHOWE

Oddech pomaga regulować emocje. To dlatego wielu ludzi nieświadomie go kontroluje. Kiedy coś nas szokuje, szybko wdychamy powietrze lub zatrzymujemy je w płucach – tak jakbyśmy zatrzymywali czas, żeby zintegrować to, co się wydarzyło. Często jednak niełatwo jest przyjąć wiadomość przybywającą do nas z zewnątrz lub płynącą z naszego wnętrza. Zaczynamy wtedy reagować nawykowo i automatycznie.

W poszukiwaniach bardziej satysfakcjonujących sposobów bycia w ciele istotną rolę odgrywa zaciekawienie. Kiedy jednak doświadczamy czegoś nowego czy intensywnego, czasem zaślepia nas lęk przed nieznanym. Nauka zachowania otwartości i ciekawości także w tych sytuacjach pozwala nam zbadać, co się dzieje i czego możemy się nauczyć. Bez wątpienia pomaga w tym oddychanie.

Być może słyszałeś kiedyś sugestię, żeby oddychać głęboko. Bywa to trudne, bo kiedy bierzemy pełne, głębokie oddechy, zakres i intensywność naszych przeżyć mogą wzrosnąć – a czasem tego właśnie pragniemy uniknąć!

Niektóre wzorce oddechowe służą uspokojeniu, inne dodaniu sobie energii. Eksperymentuj z technikami oddechowymi i sprawdź, co się wydarzy. Poniżej opisuję kilka spośród licznych sposobów na zaprzyjaźnienie się z oddechem, który przenika nasze ciało. Jeśli w którymkolwiek momencie zrobi ci się nieprzyjemnie czy zacznie ci się kręcić w głowie, wróć do normalnego oddechu i odpocznij kilka minut, zanim łagodnie powrócisz do poszukiwań.

Łyczki oddechu: Głęboki oddech prowadzi do poruszenia wewnętrznej energii ciała, więc jeśli nie chcesz zmieniać stanu twojego wnętrza, lecz tylko dotlenić płuca, być może lepiej będzie brać malutkie oddechy. Weź łyk, zamiast zalewać się powietrzem. Spokojnie je wydychaj. Zatrzymaj się i sprawdź, co się stanie. Kiedy poczujesz gotowość, weź kolejny oddech. Pamiętaj, że jeśli będziesz brać hausty powietrza bardzo szybko, może dojść do hiperwentylacji. Tego nie chcemy! Rób kolejne małe wdechy, skupiając się na tym, co dzieje się w twoim wnętrzu.

Oddech kontrolowany: Weź wdech, odliczając do pięciu. Niech twój brzuch napełni się powietrzem. Potem powoli zrób wydech, znów odliczając do pięciu. Uczestnicy grup BSE twierdzą, że to pomaga im się uspokoić; niektórzy dzięki temu zasypiają. Badania wykazały, że kontrolowany oddech łagodzi stres, niepokój, bezsenność, PTSD, depresję czy ADHD; zwiększa uważność i wzmacnia układ odpornościowy. Lekarze Richard Brown i Patricia Gerbarg piszą o tym w książce *The Healing Power of Breath* (*Uzdrawiająca siła oddechu*). Kiedy świadomie zmieniamy sposób oddychania, wysyłamy do mózgu sygnały, które regulują przywspółczulny układ nerwowy, co spowalnia bicie serca i przemianę materii, jednocześnie uspokajając układ współczulny, który powoduje wyrzut hormonów stresu.

Kumbach: Jogini praktykują różne techniki oddechowe. Pranajama, czyli „kontrolowanie" czy „uwalnianie" oddechu, to jeden z ośmiu członów jogi. Kumbach to praktyka zatrzymywania oddechu podczas wdechu i wydechu. Kiedy czujesz niepokój, spróbuj wstrzymać oddech na jedną czy dwie sekundy. Następnie powoli, łagodnie wypuść powietrze i na chwilę zatrzymaj się, zanim weźmiesz kolejny wdech. Pamiętaj, że zbyt wiele powtórzeń może zintensyfikować twoje doświadczenie, zamiast cię uspokoić. Zacznij od jednego cyklu wdechu i wydechu: oddychaj normalnie, robiąc pauzy we wskazanych miejscach, i sprawdź, jak się z tym czujesz. Jeśli wszystko jest w porządku, spróbuj raz jeszcze: wdech, wstrzymanie oddechu, wydech, przerwa, kolejny wdech. Niektórzy wolą wstrzymywać powietrze jedynie po wdechu, inni – po wydechu. Sprawdź, co będzie najlepsze dla ciebie.

Trzyczęściowy oddech: Wyobraź sobie, że całkowicie wypełnisz płuca powietrzem. Zacznij od głębokiego, powolnego wdechu – tak głębokiego, aby twój brzuch się powiększył. Nie wymaga to siły, tylko otwarcia i zgody. Swobodnie wypuść powietrze. Kolejny wdech bierz tak długo, aż poczujesz, że klatka piersiowa i brzuch się rozszerzają. Wypuść powietrze. Za trzecim razem wpuść powietrze także w okolice obojczyków. Spróbuj znowu, tym razem skupiając się na wydechu i odwracając kolejność: najpierw zrób wydech z obojczyków, potem z klatki piersiowej, wreszcie – wypuść powietrze z okolic brzucha. Wyobraź sobie, że opróżniasz szklankę. Praktykuj ten oddech przez kilka cykli.

Relaks ciała: Kiedy się denerwujemy, nasze mięśnie spinają się i kurczą. Uwolnienie napięcia pozwala nam pełniej się zrelaksować. Ofiarom traumy relaks może się wydać niebezpieczny. Postaraj się rozluźniać, kiedy jesteś w bezpiecznym miejscu i uważnie doświadczaj tego, co dzieje się w danej chwili, zamiast się na to zamykać. Użyj oddechu, by skupić się na „tu i teraz". W ten sposób nauczysz się obserwować swoje doświadczenie zamiast się z nim utożsamiać. Nie spiesz się.

ROZPOZNAWANIE
WEWNĘTRZNEGO DOŚWIADCZENIA

C o zauważasz, kiedy skupiasz uwagę na swoim wnętrzu?
Czego doświadczasz w tym momencie?
Co zauważasz najpierw? Myśli, uczucia, wrażenia cielesne?
Być może nie wiesz, że nie potrafisz jeszcze odróżniać jednego wrażenia czy uczucia od drugiego. Z czasem nauczysz się różnicować wewnętrzne stany. Teraz zauważ po prostu, co się dzieje, kiedy nie próbujesz niczego zmieniać.

Często pomocne jest prowadzenie dziennika i notowanie swoich obserwacji. Dziennik może być również zapisem twojej podróży ku zdrowieniu.

Żeby jeszcze bardziej spowolnić ten proces i nie pozwolić się przytłoczyć, wypróbuj eksternalizację, dostrzeganie/nazywanie i dezidentyfikację.

Eksternalizacja

Często w naszym wnętrzu dzieje się tak dużo, że trudno zdefiniować każde z tych doświadczeń. Pomóc może eksternalizacja tego, co cię przytłacza – to znaczy wyobrażenie sobie, co czujesz, i projekcja tych wyobrażeń poza siebie. Nadaj im nazwę, kształt albo charakter. Wejdź w dialog z tą częścią siebie. Opisz lub narysuj ten aspekt twojego doświadczenia. Dzięki temu możesz pozostać z nim w kontakcie, zamiast się w nim gubić.

Dostrzeganie i nazywanie

Nie zawsze jesteśmy świadomi tego, co się w nas dzieje. Kiedy, na przykład, przechodzimy przez ulicę, bywamy tak zajęci naszym wewnętrznym doświadczeniem, że nie zauważamy zmieniających się świateł, ludzi wokół nas, zapachu jesiennych drzew czy lekkiego wiatru. Czasem po prostu się wyłączamy. Praktykowanie świadomości otwiera nas na to, co w środku i na zewnątrz. Spróbuj. Zauważ, co dzieje się wokół ciebie, ale nie daj się w to wplątać. Tylko dostrzeż, nazwij i uwolnij.

Dezidentyfikacja

Praktyka nazywania tego, co jest, pozwala nam bardziej świadomie doświadczać, jednocześnie nie dając się pochłonąć przez to doświadczenie. Dezidentyfikacja nieco się różni od dysocjacji. Kiedy zachodzi dysocjacja, opuszczamy siebie; dezidentyfikacja przypomina nam, że jesteśmy obecni, połączeni z naszym doświadczeniem, ale dajemy sobie przestrzeń, żeby nie dać się przytłoczyć ani wyłączyć.

Dostrzeżenie swojej nieświadomości już jest zwycięstwem! Podkreślam to bardzo mocno. Co z tego, że bujasz w obłokach albo obsesyjnie o czymś myślisz – teraz jest właściwy moment, by zacząć dostrzegać, co „odfiltrowujesz" ze świadomości. Musisz tylko do niej wrócić.

Kilka uwag na temat rysowania

Być może nie uważasz się za artystę i nie wyobrażasz sobie, że mógłbyś coś narysować. Wielu uczestników moich grup, warsztatów i treningów tak właśnie myśli. Z początku wyrażenie swojego wnętrza w sposób niewerbalny może się wydawać przerażające, ponieważ musisz uzyskać dostęp do innej części mózgu.

Oto dobry sposób na początek. Poczuj coś w swoim ciele. Nie analizując tego przesadnie, wyobraź sobie po prostu, jaki kolor lub kształt to coś przybiera. Pamiętaj, że nie ma jednej właściwej odpowiedzi. Nie ma też złej drogi. Nie sposób popełnić błędu. A może spróbujesz uchwycić tę wewnętrzną reprezentację i, choćby prosto i niezdarnie, przedstawić ją na papierze?

OKIEŁZNYWANIE
I KIEROWANIE ENERGII

Uwaga i dostrzeganie

Kiedy zyskujemy świadomość tego, na czym skupiamy naszą uwagę, możemy dokonać zmian. Trudno nam się zmienić, póki nie dostrzeżemy, co się właściwie dzieje. Kiedy świadomie kierujemy naszą energię i uwagę na proces rozwoju i zdrowienia, zyskujemy moc. Nie jesteśmy już uwięzieni... wplątani w doświadczenie, którego nie chcemy.

Współczucie

Chcąc zmienić negatywny stan umysłu, większość z nas powinna pielęgnować współczucie dla siebie i innych. Niestety świat, w którym żyjemy, a często także nasze wewnętrzne doświadczenie, pełne są ostrej krytyki i osądów. Troska i życzliwość stanowią rzadki towar. Jako że te cechy są często lekceważone, przybij sobie mentalną piątkę za każdym razem, kiedy je u siebie dostrzeżesz. (Jeśli chcesz dowiedzieć się więcej o współczuciu, przeczytaj prace Paula Gilberta i jego współpracowników. Jeśli chcesz pogłębić praktykę samowspółczucia, zainteresuj się programem uważnego samowspółczucia stworzonym przez Kristin Neff i Christophera Germera).

Praktyka. Zdrowienie to dyscyplina olimpijska

Jeśli jesteś osobą podobną do mnie, chcesz, żeby wszystko, łącznie z tobą, zmieniło się od razu. A jednak jesteśmy w stanie opanować podstawowe umiejętności tylko dzięki częstej praktyce. Jeśli wykonujemy ćwiczenia wtedy, gdy jesteśmy spokojni, w naszym umyśle i układzie nerwowym tworzą się nowe ścieżki. Im więcej ćwiczymy, tym bardziej nawykowe i automatyczne stają się nowe umiejętności. Chciałabym, żeby droga na skróty istniała, ale mimo wielu lat poszukiwań nie znalazłam jej.

Uważam, że zdrowienie powinno być nagradzane medalem olimpijskim. Jak każda dyscyplina sportowa wymaga ono wielu ćwiczeń, rozwoju umiejętności, treningu ciała, umysłu i serca. W twoim przypadku chodzi o zintegrowanie tego, co wydaje ci się fragmentaryczne i zdezorganizowane, za pomocą metody BSE.

To dlatego trzeba ćwiczyć, ćwiczyć, ćwiczyć.

Podczas praktyki najprawdopodobniej dostrzeżesz, że poprawia się twoja zdolność obserwacji, co oznacza, że nie będziesz działać reaktywnie, lecz zyskasz zdolność reagowania w sposób dostrojony do tego, kim chcesz być. Finalnie pozwoli ci to wybierać pożądane doświadczenia, zamiast sądzić, że musisz pogodzić się ze schematami, które obowiązywały do tej pory.

Dzieje się tak, kiedy zaczynasz rozróżniać elementy doświadczenia i dostrzegasz, w jaki sposób możesz zainterweniować, kiedy wracają stare, szkodliwe schematy.

Odkryjesz, co dzieje się z twoim ciałem, kiedy pojawia się wyzwalacz, i znajdziesz sposoby skutecznego radzenia sobie z nim.

Prostym sposobem na rozpoczęcie tego procesu jest szukanie różnic w pozornych podobieństwach. Nauczyłam się tego dzięki metodzie żywych ludzkich systemów Yvonne Agazarian. Mimo wielu podobieństw nie jesteśmy tacy sami. Często odkrywanie, że inni ludzie myślą, mówią, czują i postrzegają życie odmiennie od nas, sprawia nam ból. Szukając różnic nawet w sprawach, które wydają się nam podobne, możemy odkrywać nowe sposoby bycia ze sobą i z innymi.

Warto też zastanowić się nad lustrzaną ideą wspólnoty ludzkiego doświadczenia, kluczową dla koncepcji uważnego samowspółczucia Kristin Neff i Christophera Germera. Dobrze jest pamiętać, że osoba stojąca naprzeciw ciebie jest inna. Różnice mogą obejmować tożsamość płciową, orientację seksualną, rasę, religię, dziedzictwo kulturowe, historię rodzinną, historię traumy i setki innych obszarów różnorodności. A mimo to, czyż nie jesteśmy do siebie podobni?

Jeśli inni ludzie wyzwalają w tobie złe emocje, spróbuj poszukać nie-negatywnych, nie-prowokatywnych przyczyn ich zachowania. W dalszej części książki zobaczysz, że twoje ciało reaguje, kiedy przeszłość wdziera się w twoją teraźniejszość, ale nie oznacza to, że musisz powielać dawne schematy. Możesz za to praktykować pozostawanie w chwili obecnej i obserwowanie reakcji ciała.

Obejrzyj krótki filmik pod tytułem *Change Only Happens in This Moment* (*Zmiana wydarza się tylko w tej chwili*), który znajduje się wśród bonusów na stronie dfy.com/resources.

Łatwe sposoby na ćwiczenie się w tej umiejętności to:

1. Zrób chwilę przerwy, zanim zaczniesz mówić. Ugruntuj się w swoim kręgosłupie lub sercu. Z tego miejsca mów o sobie i o tym, co się w tobie dzieje.

   Czuję...
   Kiedy obserwuję... (to), czuję... (to).

2. Dostrzeż swoje reakcje/impulsy. Czy chcesz się od czegoś oddalić? Jeśli spowalniasz reakcję lub impuls, czy potrzebujesz lub pragniesz czegoś, co tę reakcję lub ten impuls wzmacnia?

3. Przyjrzyj się swojemu doświadczeniu zamiast obserwować cudze. Zanim zareagujesz i zaczniesz mówić o sprawach drugiej osoby, zauważ, czego doświadczasz we własnym wnętrzu. Czy masz jakiś sposób na wyrażenie własnego doświadczenia?

4. Poproś innych o pozwolenie, zanim udzielisz im porady albo ich dotkniesz. Pamiętaj, że inni ludzie doświadczają świata inaczej niż ty – przynajmniej w tym momencie. Na ile to możliwe, wyrażaj się świadomie i z szacunkiem. Twoja szczera, spontaniczna rada czy dotyk mogą przynieść innym pociechę, ale nie muszą. Prośba o zgodę i danie drugiej osobie chwili na zastanowienie pozwalają jej zdecydować, czy przyjąć spontaniczny gest, który był twoim zamierzeniem.

PROTEST JAKO TWÓJ SEKRETNY PRZEWODNIK

Kiedy zapoznawałam się z teorią przywiązania, to znaczy starałam się zrozumieć, jak wpływają na nas relacje z innymi i z nami samymi, badania Johna Bowlby'ego (którego uważa się za ojca teorii przywiązania) i Jamesa Robertsona stały się dla mnie wielkim odkryciem. Obaj obserwowali, co dzieje się z dziećmi, które oddzielono od rodziców. Okazało się, że dzieci przechodzą przez trzy fazy rozpaczy spowodowanej separacją.

Pierwsza faza to aktywna forma PROTESTU. Dzieci płaczą, tupią i wyrażają gniew. Aktywnie poszukują kontaktu z opiekunem, wyglądając przez okno czy biegnąc do drzwi. Kiedy rodzic wraca, dziecko może dać mu odczuć poprzez słowa lub zachowanie, jak trudny był to dla niego czas, ale potem powraca do relacji.

Jeśli rozstanie trwa dłużej, dziecko wchodzi w fazę, którą badacze nazwali ROZPACZĄ. Aktywny protest dobiega końca; dziecko wycofuje się, słabnie i staje się głęboko nieszczęśliwe – traci zainteresowanie otoczeniem i ludźmi wokół. Nie „przystosowuje się", lecz raczej z bólem odrzuca doświadczenie.

Protest nie zadziałał, więc ogarnia je rozpacz.

Trzecia faza to ODERWANIE, podczas którego dziecko wchodzi w relacje z otoczeniem, a kiedy rodzic wraca, nie rozpoznaje go lub się nim nie interesuje; zachowuje się, jakby w ogóle go nie potrzebowało. Ta faza jest najbardziej problematyczna. W jej trakcie dziecko zamyka się na miłość i potrzebę relacji. Jak wykazali Bowlby i Robertson, nowe relacje są bardziej powierzchowne i pełne emocjonalnego dystansu.

Bezpieczne ucieleśnianie nazywa wszystkie te fazy PROTESTEM, opisując w ten sposób normalną i naturalną próbę ochrony siebie po wyjściu ze strefy komfortu. Jeśli nie znaleźliśmy bezpiecznego sposobu na nawiązanie relacji ze sobą, pojawiają się lęki, opór i blokady. To doskonały czas na zaakceptowanie tego, co nieprzyjemne, spowolnienie procesu i pogodzenie z tym, co jest. Przypominają mi się słowa, które Carl Gustav Jung kierował do swoich studentów: „Mamy koszmary, bo nie poznaliśmy naszych snów".

Codziennie spotykamy się z protestem. Złościmy się, że zaspaliśmy, irytujemy, kiedy nie działa internet albo czujemy szok spowodowany rozstaniem. Czasem protestujemy nawet wtedy, kiedy ktoś powie nam coś miłego; spektrum protestu jest szerokie.

Te proste formy protestu możemy uznać za znaki prowadzące nas w nowym kierunku. Kiedy wkraczamy w nowe sytuacje, bywamy skrępowani lub niepewni tego, co się dzieje. Często czujemy się przytłoczeni albo zdajemy sobie sprawę, że nie myślimy jasno. Nic nie szkodzi. Cokolwiek by się nie działo, jest OK. Kroki nakreślone w tej książce to sposób na przystosowanie – na dostrzeganie myśli, uczuć i wrażeń bez oceniania ich. Nie ma ani właściwej, ani niewłaściwej drogi.

Niezależnie od tego, co budzi nasz protest, bardzo wyraźnie komunikujemy: „Nie powinno tak być!". Zaraz potem przychodzi pragnienie zmiany. W pewnym sensie to właśnie wydarzyło się, kiedy kupiłeś tę książkę. Chcesz, żeby coś się zmieniło. Jest w tym jakaś niezaspokojona potrzeba. Szukasz pomocy w jej zaspokojeniu. Ty masz nadzieję, że ci w tym pomogę, a ja głęboko tego pragnę. W ten sposób uciszymy protest. Poszukaj ciszy. Zastanów się, co skłoniło cię do zakupu tej książki. Tytuł? Idea bezpiecznego ucieleśniania? Czy pragnienie zmiany twojego życia, twojego doświadczenia?

_____

_____

_____

_____

_____

Ta intencja – pragnienie odmiany – to płomień, który chcesz wzniecić. Jakaś część ciebie coś wie. Masz poczucie, że coś powinno się zmienić. To poczucie nie musi być „właściwe", nie musi być konkretną intencją. Wypróbuj to:

Kiedy dostroisz się do swojej wewnętrznej melodii, być może z początku zechcesz protestować. Być może dostrzeżesz w sobie głosy (lub części siebie) znudzone, zirytowane, wściekłe, oceniające, zaskoczone, wyrażające opór... Rozpoznanie protestu to istotny pierwszy krok na twojej drodze.

Zatrzymaj się i wsłuchaj w te głosy/części siebie. Jestem ciekawa, co się wtedy stanie. Co się stanie, kiedy dasz im znać, że rozumiesz ich protest? Nie bez powodu walczą o twoją uwagę. Sprzeciwiają się, ponieważ pragną czegoś, czego nie mają.

Co mówimy, kiedy protestujemy przeciw czemuś? „Nie powinno tak być!" albo „To NIE W PORZĄDKU!", albo „To nie FAIR!". Jakaś wersja protestu budzi się w każdym z nas. Może krytykować, złościć się, osądzać lub obwiniać. Wiesz, która wersja jest twoją „ulubioną"? Co wtedy robisz i mówisz? Kiedy byłam dwudziestolatką, bardzo często obwiniałam innych za nieprzyjemności, które mi się przydarzały. Zaczęłam jednak nieśmiało rozpoznawać w tym formę protestu, wskazującego na jakiś brak.

Często mówię członkom moich grup, że nasze ciała, umysły i serca protestują, ponieważ wiemy, że powinno być inaczej. Wbrew pozorom protest nie jest zły – jest naszym sekretnym przewodnikiem, musimy tylko uważnie mu się przyjrzeć.

Fundamentalne potrzeby przywiązania

Jedną z przyczyn, dla których nasz protest bywa intensywny, mogą być dawne, niezaspokojone potrzeby. Niektóre z nich są tak pierwotne, że przyzwyczajamy się do ignorowania protestu. Dzięki pracy z moim mentorem do spraw przywiązania, doktorem Danielem Brownem, zrozumiałam, że istnieje siedem fundamentalnych potrzeb przywiązania, które są wspólne dla nas wszystkich. Kiedy nie zostają one zrealizowane, czujemy się w okropny sposób „obnażeni". Często myślę o wstydzie jako o zranieniu więzi. Kiedy nie dostajemy tego, czego potrzebujemy – kiedy nasze normalne, naturalne potrzeby nie są zaspokojone – mamy poczucie, że coś jest z nami fundamentalnie nie tak.

Pomyślmy o tym praktycznie. Kiedy dziecko płacze i unosi rączki, czegoś chce. Najpewniej chce po prostu zostać podniesione, być blisko, być przytulone, otoczone troską, nakarmione, przewinięte i tak dalej. To normalne, prawda? Skupiona na swoim własnym ciele, zdałam sobie sprawę, że nie jest to proces jedynie somatyczny. Albo może lepiej powiedzieć, że fizycznemu gestowi towarzyszy „wołanie o więź" czy niewypowiedziana potrzeba. Ruchy ciała wskazują na coś pozacielesnego – na potrzebę dziecka, potrzebę nas wszystkich. Nazywanie tych potrzeb powinno być dla nas absolutnie normalne. Wszyscy je mamy! Nie możemy od nich uciec, nawet jeśli próbujemy je negować.

To wspólnota ludzkiego doświadczenia. Wszyscy mamy tę samą pierwotną, podstawową potrzebę stworzenia bezpiecznej więzi. Teraz zastanówmy się, jak te fundamentalne potrzeby łączą się z procesem bezpiecznego ucieleśniania.

Jedną z najbardziej podstawowych potrzeb jest zapewnienie sobie odpowiedniej ochrony i dostatecznej troski fizycznej, emocjonalnej i psychologicznej. Kiedy ta potrzeba jest zaspokojona, czujemy się bezpiecznie.

Kiedy ktoś się do nas dostraja, czujemy się zrozumiani i widziani.

Kiedy się boimy, martwimy czy niepokoimy, a ktoś się o nas troszczy i nas pociesza, nasze ciało ogarnia spokój. W ten sposób budujemy w sobie zdolność regulowania emocji.

Kiedy ktoś się nami zachwyca, czujemy dumę i pewność siebie.

Gdy mamy przewodnika i mentora, a także potrzebę bycia tym, kim naprawdę jesteśmy – a nie ekspresją kogoś innego – rozwijamy w sobie zaufanie do siebie i do naszych motywacji. Uczymy się, że błędy nie mają nas zawstydzać i upokarzać, ale prowadzić.

Kolejną podstawową potrzebą, która nas wszystkich łączy, jest poczucie, że konflikt nie musi być katastrofą, ale można go rozwiązać i że to właśnie dzięki konfliktom relacje stają się silniejsze. Czyż to nie nowość dla wielu z nas? A jednak nasze ciała wiedzą, że to prawda. Kiedy pojawia się konflikt, boli nas serce. Dlaczego? Wiemy, że powinna się tworzyć relacja – że powinien być sposób na to, by być jednocześnie blisko i osobno. Pragniemy rozwiązania. Chcemy, żeby było lepiej.

Wreszcie potrzebujemy w życiu i w relacjach poczucia swobody i płynności, świadomości, że nie musimy brać wszystkiego do siebie – że wszystko jest dobrze. W ten sposób podążamy ku lepszemu samopoczuciu.

Te fundamentalne potrzeby przywiązania są w nas wbudowane. Każda istota ludzka je ma i wszyscy chcemy, by zostały spełnione. Kiedy to się udaje, powstaje solidna baza. Nawet jeśli nie została stworzona w dzieciństwie, możemy ją wypracować później.

Bowlby twierdził, że aby to się stało, potrzebna jest starsza, mądrzejsza osoba. Nie musi to być ktoś znacznie starszy (ani też znowu aż tak znacząco mądrzejszy), ale potrzebujemy kogoś, kto nieco nas wyprzedza – kogoś, kto może nam pokazać drogę. Może być to trener, nauczyciel, reprezentant starszyzny w danej społeczności, członek rodziny – ktoś, kto daje nam poczucie bezpieczeństwa, kiedy badamy, poznajemy świat. Mam nadzieję, że ta książka zapewni ci to przewodnictwo w dziedzinie bezpiecznego ucieleśniania.

Ustanawianie intencji

Czy to pomaga ci się zakorzenić w twoim doświadczeniu? Być może daje ci przestrzeń na przywitanie tego, co się w tobie dzieje? Pamiętaj, że można zmienić schematy, które kierują naszym życiem, i założenia, zgodnie z którymi żyjemy. Nie musimy w nich tkwić; możemy się zmienić i wybrać takie, które lepiej nam posłużą.

Przed rozpoczęciem czegoś nowego warto zawsze chwilę się zastanowić nad intencją, z jaką to rozpoczynasz. Kiedy poświęcamy czas na ustanowienie aktywnej intencji, wchodzimy w interakcję z naszymi schematami – starymi nawykami – uchylamy drzwi, wpuszczamy powietrze i możliwość nowego sposobu bycia.

Możemy przyjąć, że robocza definicja intencji to obmyślony plan lub cel, ku któremu możemy się kierować. Kiedy brakuje nam intencji, czasem świat popycha nas w przypadkowym kierunku. Doświadczasz tego czasem? Załóżmy, że surfujesz po sieci... czytasz jakiś wątek... i już po chwili znajdujesz się w całkiem niezaplanowanym miejscu. (Niektórym zdarza się to zdecydowanie zbyt często!)

Musimy uważać też na różnice między celem a intencją. Cele dotyczą zazwyczaj zewnętrznych wyników, które chcemy osiągnąć w przyszłości. Najczęściej realizujemy je dzięki planowaniu, dyscyplinie i zmianie zachowania. Dzięki celom poznajemy konkretne wskaźniki, które liczą się dla nas na różnych etapach życia.

Intencje z kolei to coś, na co mamy nadzieję w chwili obecnej – praktyka, w którą się angażujemy, żeby skupić się na danym momencie. Ustanawiamy intencje, opierając się na tym, co jest dla nas ważne, i dostrajamy świat do naszych wewnętrznych wartości. Nasze intencje w każdym momencie przekazują nam informacje, trzymając nas blisko naszych pragnień i popychając ku naszym zewnętrznym celom.

Jeśli chciałbyś posłuchać prowadzonej przeze mnie medytacji o ustanawianiu intencji, zawartej w płatnej wersji kursu internetowego Becoming Safely Embodied, załączam ją jako jeden z bonusów do tej książki na mojej stronie internetowej.

BYCIE TU I TERAZ

Relaks

Kiedy się czymś martwimy, nasze mięśnie napinają się i kurczą. W ten sposób nasze ciała przepracowują doświadczenie, które wydaje się nowe czy „groźne". Dostrzeż napięcie w swoim ciele i świadomie rozluźnij ten obszar. Kiedy pozwolisz ciału się zrelaksować, mięśnie wokół napiętego miejsca pomału pozwolą ci doświadczać ukrytych wrażeń, zamiast cię przed nimi strzec.

Często sądzimy – zwłaszcza jeśli mamy za sobą historię traumy – że jeśli się odprężymy, życie przytłoczy nas jeszcze bardziej. Niektórzy radzą sobie z tym, próbując zniknąć i usunąć się z drogi; inni nabierają mocy i siły i pielęgnują wizerunek niewrażliwości. Kiedy uczymy się rozluźniać mięśnie i tworzymy więcej wewnętrznej przestrzeni, nasz wewnętrzny niepokój ustępuje.

Jeśli chcesz poczuć, jak reagujesz na zmartwienie, zauważ, jak zachowuje się twoje ciało, kiedy próbujesz uwolnić napięcie.

Zwolnij – czas dla ciała

Kiedy wchodzimy w stan nadmiernej ekscytacji lub stymulacji, nadwrażliwości czy innych dobrze nam znanych stanów, często dzieje się tak dlatego, że nie nauczyliśmy się zwalniać ani nie poświęciliśmy dość czasu na obserwację. Zachowujemy się tak, jakbyśmy zdjęli ręce z kierownicy.

Gdy zwalniamy, łatwiej nam pamiętać, że żadne doświadczenie nie zapewni nam przeskoku od 0 do 60, jeśli wcześniej nie przejdziemy do 1, 2, 3, 4, aż do 57, 58, 59 i, wreszcie, do 60. Kiedy uczymy się wewnętrznego zwalniania, uczymy się też być sami ze sobą w doświadczeniu. Dostrzegamy wtedy możliwe wybory. Nie pędzimy ruchomymi schodami, które wymknęły się nam spod kontroli, ale świadomie, spokojnie wdrapujemy się krok po kroku.

Trudno zwolnić, kiedy jesteśmy fizjologicznie zestresowani i czujemy, że tracimy kontrolę. Wyzwalacz wytrąca nas z równowagi, kiedy jakaś niedokończona historia aktywuje się w chwili obecnej. Możemy się wtedy czuć przytłoczeni, zobojętniali albo gapowaci; życie wydaje się nam zbyt obezwładniające albo przypomina eksplozję czy sztorm. W takich chwilach można założyć, że mamy do czynienia z wyzwalaczami z przeszłości. (Zajmiemy się tym bardziej szczegółowo w kolejnych rozdziałach).

Zwalnianie pomaga nam przejąć kontrolę nad życiem zamiast podporządkowywać się temu, co przynosi los. Im dłużej je praktykujemy, tym staje się ono łatwiejsze.

Zatrzymaj się na chwilę. Odetchnij. Pozwól, żeby działo się to, co się dzieje, bez żadnej twojej interwencji. Zanotuj, jak się w tym momencie czujesz. Ta wiedza przyda ci się podczas kolejnych ćwiczeń.

Zafascynuj się

Często, kiedy stykamy się z czymś nowym, zaślepia nas lęk przed nieznanym. Nauka otwartości i fascynowania się nowymi doświadczeniami tworzy w nas przestrzeń do dalszych poszukiwań. Po drodze coraz bardziej intryguje nas nasz wewnętrzny świat i nawet możemy się w sobie zakochać. Staje się to jeszcze ważniejsze, kiedy przyglądamy się naszemu doświadczeniu pod wpływem wyzwalaczy.

Czy można sobie w ogóle wyobrazić fascynację sekwencją zdarzeń, które mają miejsce, gdy wyzwalacz wywołuje w nas gwałtowną reakcję?

Dostrzeż

Kiedy uczymy się zauważać to, co nas otacza, oznacza to, że rozpoczęliśmy już proces tworzenia przestrzeni dla samych siebie. Zauważanie pozwala nam być „kimś, kto widzi", a nie kimś, kto zdany jest na łaskę niechcianego doświadczenia. To proste działanie odłącza nas nieco od tego, co nas niepokoi i wtłacza w nawykowe sposoby interakcji z życiem.

Kiedy jesteśmy przytłoczeni, w regresie, pełni emocji, często dzieje się tak dlatego, że „to" nami zawładnęło. Nie potrafimy już „tego" kontrolować, lecz „to" kontroluje nas. Jeśli będziemy poruszać się zbyt szybko lub pozwolimy, by zawładnął nami stan fizjologiczny, nigdy nie nauczymy się używać hamulców. Koniec końców zatracimy się w tym procesie.

Dwa kroki pozwalają nam przejść z tego, co na zewnątrz, ku temu, co wewnątrz. Pierwszy to zmiana biegu, zwrócenie naszej uwagi do środka, odwrócenie uwagi od świata zewnętrznego. Z początku może to być dziwne. Być może, podobnie jak Ralph[*],

---

[*] Wszystkie imiona klientów zostały zmienione, żeby zapewnić im anonimowość (przyp. red. oryg.).

odkryjesz, że chociaż miał zamknięte oczy, jego pozostałe zmysły były hiperczujne. Bardzo ważne, by to dostrzegać. Zauważ, jak dużą czujność musisz zachowywać, żeby być na bieżąco z tym, co dzieje się na zewnątrz. Zatrzymaj się na chwilę i okaż sobie współczucie, rozpoznając, jakie to trudne.

Drugi krok to pokonanie wewnętrznego progu z głowy do serca. To przejście od myślenia o tym, co się dzieje, do otwartości na to, co jest w twoim sercu. Być może będzie ci łatwiej, jeśli położysz dłoń na sercu, zaczniesz spokojnie oddychać i poczujesz ciepło swojej dłoni.

REFLEKSJA O BYCIU TU I TERAZ

Co dostrzegasz, kiedy zyskujesz świadomość swojego wewnętrznego świata? Co upraszcza ten proces? Co go komplikuje? Czy potrafisz porzucić wszelki osąd? Opisz swoje doświadczenie przekraczania progu z zewnątrz do wewnątrz, a potem z głowy do serca.

_____

_____

_____

_____

_____

Jeśli potrzebujesz medytacji kierowanej, wykorzystaj darmową medytację audio *Six Sides of the Breath* (*Sześć stron oddechu*). Można ją znaleźć na mojej stronie internetowej.

CZĘŚĆ II

UMIEJĘTNOŚCI W DZIAŁANIU

KRÓTKI PRZEGLĄD UMIEJĘTNOŚCI I CELÓW

Zestaw umiejętności nr 1 – Przynależność

Te praktyki pozwalają nam odnaleźć niewidzialne nici, które wiążą nas z naszym wnętrzem, z innymi ludźmi i ze światem wokół. Praktyki te wspierają również rozwijającą się świadomość czegoś istotnego i uzdrawiającego – rzeczywistego, dobroczynnego środowiska, które jest natychmiast dostępne i absolutnie głębokie.

Zestaw umiejętności nr 2 – Medytacja

Chociaż praktyki uważności i koncentracji są różne, celem ich obu jest pielęgnowanie naszej obecności w ciele i umyśle.

- *Praktyki mindfulness* rozwijają obserwujące „ja" i pomagają w dezidentyfikacji z naszymi symptomami.

- *Praktyki koncentracji* – w tym przypadku *metta* (kochająca życzliwość) – rozwijają zdolność skupienia i bezpośredniej uwagi, a także zwiększają tolerancję na wewnętrzny konflikt, pielęgnując życzliwość.

- *Samowspółczucie i przywiązanie w pokonywaniu wstydu* są kluczowe w procesie zdrowienia, ponieważ otwierają na odczuwane doświadczenie przeobrażania cierpienia.

Zestaw umiejętności nr 3 – Wewnętrzny przepływ informacji

Te ćwiczenia pomogą ci jaśniej różnicować myśli, uczucia i wrażenia. Wprowadzenie tych rozróżnień pomaga spowolnić doświadczenie, co jest przydatną praktyczną umiejętnością w chwilach chaosu. Rozróżnienia pomagają także lepiej rozpoznawać wyzwalacze, a w konsekwencji się przed nimi chronić.

Zestaw umiejętności nr 4 – Oddzielanie myśli od uczuć

Ta część pracy rozwija poprzedni moduł i skłania do dzielenia funkcji mózgu (między układem limbicznym a korą). Celem jest ugruntowanie cię w „tu i teraz", a jednocześnie zapewnienie przestrzeni dla obszarów uruchomionych pod wpływem wyzwalaczy.

Zestaw umiejętności nr 5 – Zwrot ku żywotom równoległym

Kiedy wzmacniasz swoją zdolność odróżniania przeszłości od teraźniejszości, świadomość „żywotów równoległych" stawia psychologiczne granice między dorosłą/mądrą częścią siebie a tymi częściami straumatyzowanego „ja", które podlegają gwałtownym reakcjom emocjonalnym. Ten zestaw umiejętności pomaga również w dekonstrukcji i rozbrajaniu wyzwalaczy.

Zestaw umiejętności nr 6 – Praca z częściami

To szansa na odkrycie fundamentów solidnej samostruktury, która pozwala uciszyć wewnętrzną kakofonię, zatrzymać emocjonalną deregulację i wesprzeć komunikację między różnymi częściami ciebie.

Zestaw umiejętności nr 7 – Tworzenie nowej drogi

Teraz, krok po kroku, stworzymy mapę, która zintegruje dotychczas poznane umiejętności: koncentrację, uważność, oddzielanie faktów od emocji i przeszłości od teraźniejszości, rozpoznawanie wyzwalaczy i łączenie części. Ta umiejętność pomoże ci zebrać zasoby, dzięki którym będziesz żyć upragnionym życiem zamiast na nowo przeżywać bolesne stany ducha.

Zestaw umiejętności nr 8 – Opowiadanie raz po raz

Za pośrednictwem kreatywnych narracji możesz rozwijać i dopracowywać nowe perspektywy. Ugruntowywanie ich w ciele i praktykowanie postawy opartej na sile pozwala rozwinąć pogodniejsze podejście do napiętych sytuacji życiowych.

Zestaw umiejętności nr 9 – Przewodnictwo starszej, mądrzejszej wersji nas samych

Świadomość, że istnieje droga do zdrowienia, która wyprowadzi nas z mroku, daje nam możliwość przejścia ze stanu rozpaczy do nadziei i wzmacnia wytrwałość w poszukiwaniu. Ten rozdział mówi o tym, jak dostąpić własnej wewnętrznej mądrości, która łagodnie pokieruje nami podczas wzlotów i upadków towarzyszących wychodzeniu z traumy.

Umiejętność 1

~~~

PRZYNALEŻNOŚĆ

Cele

- Pielęgnowanie poczucia przynależności;
- Opanowanie poczucia izolacji, samotności i wyalienowania;
- Ułatwienie nawiązania kontaktu z samym sobą... i z czymś jeszcze większym niż „ja";
- Stworzenie możliwości zastanowienia się nad znaczeniem osobistych relacji i zwerbalizowania go;
- Wzmacnianie zadowolenia z życia takiego, jakim jest;
- (Jeśli jest wykorzystywane w grupie) Zapewnienie bezpiecznego, właściwego sposobu przedstawiania się członków grupy.

Kiedy wydarza się coś trudnego, a wokół nas nie ma ludzi, którzy udzieliliby nam wsparcia i pomocy czy zapewnili troskę i poczucie przynależności, czujemy się odizolowani i samotni. Chcąc przeciwstawić się tym emocjom, powinniśmy rozpoznać i zaakceptować to, co powoduje nasz dyskomfort, a jednocześnie stworzyć odpowiedni grunt dla relacji.

Wiele osób mających za sobą bolesne przeżycia czuje, że nie przynależy do żadnej wspólnoty, do konkretnej grupy czy kultury, nawet do Ziemi, a tym bardziej do siebie samych. A jednak wciąż chcą więcej, chcą czegoś lepszego – często nieuchwytnego. Tęsknota za przynależnością może wskazać nam właściwy kierunek w poszukiwaniu połączenia ze światem i poczucia, że jest się jego ważną częścią. Kiedy wyjrzymy poza nasze lęki czy nawykowe schematy myślenia, być może odkryjemy, że jesteśmy już połączeni na wiele sposobów.

Kiedy przypominamy sobie, że tak naprawdę już gdzieś przynależymy, mamy szansę zbadać, do czego chcemy przynależeć. Ludzie mający za sobą bolesne przeżycia miewają wrażenie, że trudna przeszłość jest ich jedynym domem. Trzeba pamiętać, że nie musimy identyfikować się jedynie z tą częścią naszej historii.

Możemy za to zadać sobie pytanie: co zrobić, żeby przynależeć do tych ludzi, miejsc i spraw w naszym życiu, które zapewniają nam życzliwość, opiekę i radość?

Jednym z wyzwań, z którymi mierzą się ocaleńcy z traumy, jest znalezienie równowagi między pragnieniem miłości i bezpieczeństwa a ochronnym impulsem prowadzącym do izolacji. To bardzo ważne, by zrozumieć, skąd on pochodzi. Zyskanie świadomości tych dwóch stanów daje nam możliwość wyboru: kiedy czujemy się gotowi, możemy się zaangażować, ale respektowana jest też nasza potrzeba spokoju.

Znaczenie przynależności w pełni do mnie dotarło podczas rozmowy z poetą Davidem Whyte'em. Opisywałam mu swoją pracę z ocaleńcami z traumy, co nieuchronnie pokierowało nas ku rozmowie o ich cierpieniu. Wówczas Whyte poruszył temat wrodzonej potrzeby przynależności. Głośno zastanawiałam się nad tą kwestią w odniesieniu do moich klientów, którzy często sądzą, że nie przynależą nigdzie.

David zwrócił uwagę, że to nieprawda, bo wszyscy gdzieś przynależymy; że być może część moich klientów czuje przynależność do szpitali, w których byli, albo identyfikuje się z przeżytym cierpieniem. Zasugerował, żebym znalazła sposób, by pokierować ich ku innym, mniej traumatycznym formom przynależności.

Podczas kursów BSE na żywo i online uczestnicy dostrzegają, że można stworzyć więzi, wracając do najcenniejszych wspomnień i pamiątek. Rozwój poczucia „ja" i nawiązywanie relacji z innymi uczestnikami grupy, członkami rodziny, własną kulturą czy planetą, to ważne aspekty budowania poczucia przynależności.

Poczucie więzi z czymś większym niż codzienność – z głębszą rzeczywistością, obecnością przekraczającą traumę – również przypomina nam o tym, co daje poczucie bezpieczeństwa. Wielu z nas czuje się zresztą porzuconych przez życie, Boga, przez to, co dla nas dobre i zdrowe. Wzmacnianie poczucia przynależności pomaga ludziom nawiązać na nowo relację nie tylko z samymi sobą, ale i ze światem w ogóle.

Ludziom, którzy doświadczyli wiele bólu, może być trudno odnaleźć inne sposoby tworzenia więzi. Poznawanie miejsc, do których przynależymy, a które nie składają się jedynie z odczuwanego przez nas cierpienia, daje nam możliwość poznania siebie. Dbanie o poczucie przynależności to sposób na napisanie historii opartej na więzi, życzliwości i radości.

Jeśli należysz do osób, którym trudno mówić o sobie (dotyczy to wielu z nas), możesz zyskać bezpieczniejszy sposób wyrażania siebie. Poznawanie siebie tak, aby nie zatrzymywać się na bolesnych przeżyciach, daje ci możliwość bycia obecnym w ucieleśniony sposób. Dla wielu z nas dzielenie się ważnymi opowieściami o sobie lub zapisywanie ich jest sposobem na docenienie i zapamiętanie otrzymanych darów.

Dzielenie się historiami zapewnia też ramy komunikacji: buduje przestrzeń opartą na wdzięczności, trosce i zainteresowaniu sobą oraz innymi.

Zachęć siebie i innych do dzielenia się tym, co ważne. Doświadczaj empatii i zrozumienia, które pomogą rozwinąć więź z ludźmi, miejscami czy zdarzeniami.

Proces odnajdowania więzi poprzez przynależność umożliwia nawiązywanie relacji na wielu poziomach – łączysz się z tym, co dla ciebie ważne, ale też słyszysz to, co ważne dla innych.

Dzięki temu odkrywasz, jakie znaczenie niosą ze sobą te więzi, i jak bardzo ludzie czują się docenieni za prosty dar bycia sobą i za to, co mogą zrobić dla świata. Wszystko to pomaga wybrać kierunek, w którym chcemy w życiu pójść.

Ćwiczenie rozpoczyna się od znalezienia przedmiotów, słów, zdań lub obrazów, które pokazują wyjątkowy sposób, w jaki ukształtowało cię życie, pomagając ci poczuć więź z ludźmi, miejscami, wydarzeniami, sytuacjami i przedmiotami. Chwile, kiedy ludzie przynoszą zdjęcia bliskich im osób i zwierząt, które kochają, miejsc, w których czują się pełni życia, kamienie z konkretnych miejsc na Ziemi albo przedmioty, które otrzymali od innych, są dla mnie wielkim darem. Ich opowieści aż skrzą się od znaczeń.

Pewna kobieta przyniosła gałązkę świeżego rozmarynu, która przypominała jej ogród babci, będący dla niej bezpieczną przystanią. Inna uczestniczka pokazała mi muszle, które w magiczny sposób pojawiły się przy drzwiach do jej domku na plaży, kiedy zapragnęła wyjść na zewnątrz o drugiej w nocy. Niektóre z historii moich klientów były zwyczajne, inne – głęboko poruszające, ale wszystkie żyły. Zostałam zaproszona, a właściwie zostaliśmy zaproszeni, do ich świata.

Kolejnym krokiem może być refleksja nad tym, że życie – zarówno radość, jak i cierpienie – jest podarunkiem, który może pokierować nas w określoną stronę, gdy zdołamy pojąć jego znaczenie.

Zaproponuję też sposób stosowania tej umiejętności w codziennym życiu, tak by była pod ręką, kiedy będziesz jej potrzebować!

Suzanne powiedziała: „Wydaje mi się, że trudno było mi zdefiniować, czym jest przynależność, i odnaleźć doświadczenie więzi, ponieważ nie potrafię znaleźć w sobie bezpiecznych, dobrych uczuć. Jakaś część mnie tkwiła w przekonaniu, że nigdzie nie przynależę".

Suzanne daje nam dobry przykład: jakaś jej część czuła się skazana na ostracyzm. To ćwiczenie jest sposobem, by dostrzec, poznać i uzdrowić różnorodne aspekty nas samych. Jej doświadczenie mówiło: „Chcę dobrego poczucia bezpieczeństwa, ale nie mam go i dlatego brakuje mi poczucia przynależności".

ĆWICZENIE: NAJCENNIEJSZE PRZEDMIOTY, WSPOMNIENIA I WIĘZI

Oto znakomity moment, by poszukać przedmiotu (lub przedmiotów) reprezentujących coś, co daje ci poczucie przynależności. Oto chwila eksploracji, ciekawości, zastanawiania się nad tym, czym są dla ciebie więzi. Co je tworzy? Kiedy pojawiały się w przeszłości?

Opowiadanie o ważnym dla ciebie przedmiocie może ułatwić ci podzielenie się tym, co uważasz za istotne, i wejście w relację z innymi. Jak wspomniałam, na przestrzeni lat ludzie przynosili na spotkania zdjęcia bliskich, pamiątki z wakacji, wiersze, muszle z wyjazdu nad morze – rzeczy symbolizujące wspomnienia dobrych emocji, bezpieczeństwa, miłości. Bycie w kontakcie z ludźmi, gdy dzielą się swoimi historiami, przyczynia się do tworzenia siatki połączeń, z których można czerpać, kiedy życie staje się trudne.

Nie muszę chyba wspominać, że koniecznie trzeba pamiętać, iż nie ma obowiązku się dzielić. Wciąż przypominam ludziom, że nie ma właściwego ani niewłaściwego sposobu na wykonanie ani tego, ani jakiegokolwiek innego ćwiczenia, które proponuję.

Jeśli nie jest to dla ciebie właściwy czas na to ćwiczenie, zaufaj sobie. Pozwól, by protest wybrzmiał i zastanów się, ku jakiej potrzebie cię kieruje. Każde sugerowane przeze mnie ćwiczenie zostało wymyślone jako zaproszenie do przyjrzenia się swojemu wewnętrznemu światu. Tylko ty wiesz, co i w którym momencie jest dla ciebie dobre.

Inna sugestia: Pudełko przynależności

W tej wersji ćwiczenia (która może być też drugą częścią powyższego) możesz zebrać słowa, cytaty, zdania, obrazy czy pamiątki i włożyć je do pudełka – choćby maleńkiego, jak na miętówki. Najlepiej by było, gdyby można je było nosić ze sobą. Możesz również zrobić kolaż lub wyklejankę, która zmieści się w twoim kalendarzu. Warto do tego także wykorzystać Pinterest – pamiętaj tylko o odpowiednich ustawieniach prywatności.

W każdym razie zbierz w jednym miejscu przedmioty, które przemawiają do ciebie albo mówią coś o twojej relacji z przeszłością, teraźniejszością i/lub przyszłością. Ciesz się swoją kreatywnością. Jeśli masz ładny koszyczek lub torebkę, wykorzystaj je. Poza małymi skarbami wyszukanymi w domu i wokół niego, zwracaj także uwagę na inne drobiazgi, które dają ci poczucie więzi. Kiedy zbierzesz już małą kolekcję, możesz zawsze wyciągnąć z pudełka coś, co pomoże ci opowiedzieć o swoich przeżyciach lub po prostu przypomni ci o chwilach, które uważasz za znaczące, i których wspomnienie niesie ze sobą pozytywne uczucia, wibracje, miłość, radość i zadowolenie.

Oto jedna z kluczowych wskazówek, które wszyscy możemy wypróbować. Kiedy znajdujemy się w stanie, który można opisać jako: „Nie jestem dość dobry, moje życie nie jest dość dobre, nie przydarza mi się nic miłego", przychodzą nam do głowy myśli w stylu: „Nikt mnie nie kocha, to nie jest moje miejsce, nikt mnie nie rozumie".

Możemy wtedy przypomnieć sobie czas, kiedy mieliśmy miłe poczucie więzi. Pamiętasz, jak to jest, gdy pochłonie cię książka lub film? To doświadczenie może cię poprowadzić. Wiesz, co mam na myśli? Fachowo ten proces emocjonalny określa się mianem doświadczenia symulowanego. Możemy symulować nasz świat wewnętrzny, coś sobie wyobrażając – nasze ciało przeżywa wtedy to doświadczenie, ale nie potrafi rozpoznać, czy było ono rzeczywiste i czy faktycznie działo się w teraźniejszości. Przeprowadzono sporo badań o neuronach lustrzanych i motorycznych, które dowiodły, że nasze przeżycie z przeszłości ma taki sam wpływ na nasze ciało jak to, co przeżywamy w tej chwili. Załóżmy, że bawisz się ze szczeniakiem albo widzisz w sklepie dziecko. Szczeniak i dziecko po prostu się wygłupiają, są żywymi istotami. Pozostań w tym doświadczeniu tak długo, jak możesz. Im więcej czasu spędzamy w danym doświadczeniu – czy tylko kilka sekund, czy siedemnaście albo trzydzieści – tym wyraźniej nasz mózg zaczyna zmieniać kierunek, przygotowując się do drogi w inną stronę.

Warto wypróbować to ćwiczenie, kiedy jesteśmy dość spokojni. Łatwiej praktykować, wykazać się ciekawością, pozostać otwartym na naukę, kiedy nasze ciała znajdują się w stanie równowagi. Znacznie trudniej wprowadzić tę koncepcję w życie, gdy jesteśmy pod wpływem wyzwalacza. A im dłużej praktykujemy doświadczenie więzi, tym łatwiej naszemu ciału podążyć w tym kierunku i tym płynniej wprowadzimy je do naszego życia.

PRZYNALEŻNOŚĆ

Zastanów się chwilę i udziel odpowiedzi na poniższe pytania.

Kiedy desperacko pragniesz przynależności, czego się zazwyczaj chwytasz? Czy to konkretna osoba, znajome miejsce, czy coś innego, np. jedzenie, seks, sport, zachowania autodestrukcyjne, samotność, fantazje?

_____

_____

_____

_____

_____

Czy wolałbyś przynależeć do innych ludzi, miejsc, sytuacji, działań, idei lub uczuć? Jakich?

_____

_____

_____

_____

_____

Gdzie w twoim ciele kumuluje się poczucie więzi/przynależności? Gdzie wyczuwasz lub dostrzegasz rozłączenie?

_____

_____

_____

_____

_____

W jaki sposób ciało przekazuje ci tę informację? Odsuń na bok przyswojone nieświadomie przekazy i skojarzenia, które gromadzą się w różnych częściach twojego ciała. Co powie ci ciało, kiedy przestaniesz się na nich skupiać? Jakie wrażenia masz teraz?

_____

_____

_____

_____

_____

Umiejętność 2

MEDYTACJA

MINDFULNESS

Cele

- Rozwinięcie bardziej otwartego i stabilnego poczucia siebie;
- Wzmocnienie zdolności przyglądania się, obserwacji i dostrzegania, bez angażowania się w to, co widzimy;
- Zwiększenie zdolności rozróżniania i nazywania pierwotnie nienazwanych myśli/uczuć;
- Wsparcie dezidentyfikacji z tym, co rodzi się w twoim wnętrzu;
- Nauka zaprzyjaźnienia się z objawami, uczuciami i częściami ciebie, które uważasz za przytłaczające;
- Relaks i odpoczynek.

Na przestrzeni lat ocaleńcy z traumy często mnie pytali, jakie umiejętności najbardziej by się im przydały. Zazwyczaj odpowiadałam: „Najważniejsze są trzy: skupienie na tym, dokąd chcesz iść; doświadczanie tego, przez co przechodzisz, nie dając się w to wciągnąć; praktykowanie samowspółczucia".

W tym rozdziale zapoznam cię z dwiema głównymi formami medytacji. Jedna z nich wspiera skupienie i koncentrację, druga zaś skupia się na uważności (i jest to najpowszechniejsza na Zachodzie praktyka medytacji). Mindfulness rozwija naszą zdolność zauważania i przyglądania się temu, co się dzieje, bez zbytniego koncentrowania się na jednej obserwacji.

Kiedy nabieramy doświadczenia w medytacji, kluczowe stają się także nauka i rozwój samowspółczucia, dzięki czemu zaakceptujemy negatywne myśli o sobie. Samowspółczucie to nadrzędny temat łączący ze sobą różne moduły tego kursu.

Medytacja „zapoznaje nasz umysł z pozytywnymi stanami, takimi jak miłość, współczucie, cierpliwość, pogoda ducha i mądrość, tak by stały się one dla nas bardziej naturalne i spontaniczne. Kiedy spotkamy nieżyczliwą, wrogą osobę, istnieje szansa, że dzięki medytacji zachowamy cierpliwość i spokój, a nawet obdarzymy takiego człowieka współczuciem" (Kathleen McDonald, *How to Meditate*, 2005).

Praktyka medytacji może nam pomóc na różne sposoby: pozwoli odłożyć na bok troski życia codziennego, zwolnić, zyskać większą świadomość naszych stanów wewnętrznych i pielęgnować poczucie wewnętrznego spokoju i odnowy. Nie jest to jednak proste, zwłaszcza dla ocaleńców z traumy, którym świat wewnętrzny często jawi się jako przestrzeń chaotyczna, szalona i przytłaczająca. Większość z nich pragnie spokoju, ale nie wie, jak go osiągnąć. Wciąż negatywnie wypowiadają się o sobie i zamęczają sami siebie jadowitymi myślami.

Na przestrzeni lat nauczyłam się, jak kierować ocaleńców z traumy ku spokojowi za pośrednictwem medytacji – zwartej, twórczej i dającej siłę. Z biegiem czasu i dzięki praktyce zaczynają oni korzystać z chwil wyciszenia, które pozwalają uspokoić ich układ nerwowy i zapraszają do więzi z tym, co uświęcone.

Praktykę medytacji należy rozwijać ostrożnie i stopniowo, ponieważ nie chcemy, by jednocześnie pojawiła się taka liczba emocji, której ocaleńcy z traumy nie będą w stanie znieść. Medytacja może również doprowadzić niektórych klientów do regresu (kiedy, na przykład, silna reakcja na wyzwalacz lub chwila słabości powoduje tymczasowe cofnięcie się do wcześniejszego etapu lub momentu życia).

Mindfulness i koncentracja

Praktyka mindfulness wymaga od nas, byśmy dostrzegali i nazywali to, co się dzieje, a następnie... z łagodnością porzucili te obserwacje. Rozwija ten aspekt naszej świadomości, który potrafi obserwować, jak nasze wewnętrzne „ja" płynie, nie zatrzymując się na jednej konkretnej sprawie.

Praktyka koncentracji wymaga od nas, byśmy skupili uwagę na jednej rzeczy i zignorowali wszystko inne. Obie te umiejętności – obserwacja i skupienie – są kluczowe dla wychodzenia z traumy. Obserwacja pomaga klientom nawiązać kontakt ze wszystkimi aspektami ich jestestwa, tym samym wspierając ich integrację; skupienie pomaga im kierować uwagę tam, gdzie chcą – z daleka od wyzwalaczy.

Praktyki mindfulness

Medytacja mindfulness może skontaktować nas z naszym stanem wewnętrznym, pomagając nam uciszyć wewnętrzny chaos, byśmy mogli dostrzec ukryte wcześniej części składowe każdej myśli, uczucia, wrażenia czy impulsu.

Zawsze kierujemy naszą uwagę na coś – albo na teraźniejszość (to właśnie mindfulness, czyli uważność), albo na przeszłość, a wtedy poddajemy się nawykowym, automatycznym myślom.

Kiedy jesteśmy tu i teraz, akceptujemy wszystko, nie osądzając tego ani nie reagując na to automatycznie. Emanujemy otwartością i życzliwością. Jednym ze ćwiczeń mindfulness jest znalezienie sposobów na utrzymywanie uważności w ciągu dnia.

Wietnamski mnich Thich Nhat Hanh pisze, że kiedy praktykujemy uważność, doświadczamy cudów, takich jak zdolność głębokiego odczuwania niebieskiego nieba, kwiatu, dziecięcego uśmiechu. Kiedy naprawdę „widzimy" te rzeczy, czujemy się prawdziwi, rzeczywiście żyjemy. Póki nie jesteśmy w pełni obecni, trwamy jak we śnie.

Kiedy jesteśmy obecni i uważni, możemy zatroszczyć się o przedmiot naszej uważności. „Podlewa ona więdnący kwiat". Naprawdę łagodzi to nasze cierpienie. Kiedy nie jesteśmy obecni, nie możemy poczuć ulgi. Będąc uważnymi, widzimy, wiemy i doświadczamy tego, co jest – radości i cierpienia – ale nie oceniamy żadnego z tych stanów.

Uważność w sanskrycie to *smriti* – „pamiętać". W tym sensie mindfulness oznacza pamiętanie o powracaniu do chwili obecnej, wypełnionej miłością, bólem, strachem, delikatnością i życzliwością.

Medytacja mindfulness tworzy miejsce dla dokonywania wyborów poprzez otwarcie przestrzeni między impulsem a działaniem, między uczuciem a czynem.

Nauka umiejętności związanych z mindfulness pozwala na głębsze wykorzystanie możliwości, jakie daje bezpieczne ucieleśnianie, takich jak:

- „Dostrzeganie" (kluczowy element mindfulness służący do oddzielania faktów od uczuć/interpretacji), które pozwala nam uspokoić nasze umysły – zauważyć, co dzieje się w nas samych i zaangażować nasze płaty czołowe. [Patrz: Sugestie, jak rozwijać zdrowe sposoby mówienia o sobie w rozdziale „Umiejętność 6: Praca z częściami];

- Łatwiejsza dekonstrukcja żywotów równoległych (które zostaną opisane w umiejętności 5 BSE);

- Ukojenie rozregulowanych części, które jest łatwiejsze, kiedy potrafimy je dostrzec i się z nimi zdezidentyfikować.

Kiedy zyskujemy większą świadomość i zaczynamy zauważać, co się w nas dzieje, uczymy się też rozpoznawać i podważać nawykowy dialog wewnętrzny, który wciąż ze sobą prowadzimy. Dzięki medytacji mindfulness nawiązujemy bezpośredni kontakt z tym, co moglibyśmy nazwać naszym „prawdziwym" czy „autentycznym ja". Niektórzy nazywają to „niewzruszonym ja". Nawiązanie ze sobą kontaktu poprzez medytację mindfulness obejmuje następujące elementy:

Spowolnienie wewnętrznego dialogu

Kiedy zaczynasz ćwiczyć, odkrywasz, że potrafisz obserwować wydarzenia w zwolnionym tempie. To tak, jakby przyglądać się światu klatka po klatce. Nauczysz się dostrzegać niewidzialne elementy każdej myśli, uczucia czy odruchu.

Umożliwianie wyboru

Mindfulness daje nam jasność postrzegania naszego doświadczenia i wprowadza przestrzeń między bodźcem a działaniem, tak, żebyśmy mogli wybrać zdrowszą drogę. Rozwija nasze rozumienie wydarzeń, które jest kluczowym elementem mądrości. Gdy wiemy już, jak coś działa, możemy się wyzwolić spod władzy tego zjawiska.

Jak praktykować mindfulness

Znajdź spokojne i wygodne miejsce. Poczuj, jak twoje ciało się odpręża. Samo dostrzeżenie tego procesu już kieruje cię ku uważności.

Bądź świadom tego, co jest tu i teraz. Po prostu to zauważ. Poczujesz, że coś popycha cię to w jednym, to w drugim kierunku. Być może zechcesz bardziej zaangażować się w to, co widzisz; być może cię to odrzuci. Być może będziesz mieć pustkę w głowie. Po prostu dostrzeż, co się wydarza.

Drugą pomocną umiejętnością jest nazywanie tego, co obserwujesz. Jeśli wspominasz rozmowę z przeszłości, zanotuj to i nazwij ją „rozmową". Odetchnij i zrelaksuj się; zauważ „rozmowę". Dawna historia pewnie nie zniknie od razu, zwłaszcza jeśli od dawna o niej myślisz albo jeśli to temat budzący w tobie silne emocje. Jeśli tak właśnie jest, nadal nazywaj to i etykietuj. Pamiętaj, że zmiana dawno zakorzenionych nawyków i opinii o samym sobie wymaga czasu.

Jeśli intensywność przeżywania jakiejś sprawy nie maleje, być może przyda ci się praktyka koncentracji (taka jak *metta*), która pomoże ci skupić się na czymś innym.

Medytacja uważności dla ocaleńców z traumy

Korzyści z medytacji uważności

- Tworzy obserwujące „ja", które stanowi przeciwwagę dla wewnętrznego krytyka.

- Działa jak odkrywcza technika, która ujawnia niezbadane aspekty ciebie.

- Pozwala ci zidentyfikować i nazwać pierwotnie nienazwane myśli/uczucia.

- Zmniejsza poczucie identyfikacji z tym, co się dzieje, pozwalając ci po prostu być samemu ze sobą.

- Przesuwa cię od poczucia chronicznej nadwrażliwości ku większej równowadze.

- Rodzi odprężenie i odpoczynek.

Ostrzeżenia dotyczące medytacji uważności

- Nie wszyscy są gotowi, by skorzystać z techniki odkrywania. Zbyt wiele może wydarzyć się zbyt szybko.

- Jeśli zbyt dużo wydarzy się jednocześnie, może dojść do regresu.

Ogólne sugestie dotyczące praktyki

Kiedy w latach dziewięćdziesiątych zaczęłam uczyć ocaleńców z traumy medytacji, zrozumiałam, że odnalezienie chwili spokoju podczas medytacji ułatwia podjęcie kolejnej próby. Kiedy pierwsze doświadczenia są dobre, łatwiej zdecydować się na kolejne.

To bardzo istotne, by medytować w odpowiednim dla ciebie tempie. Wielu ludzi zaczyna od bardzo krótkiej sesji – od 1 do 3 minut – i obserwuje, co się wtedy wydarza, nie oceniając się ani nie krytykując. Jeśli pierwsza praktyka okaże się pomocnym doświadczeniem, możesz spróbować znowu, tego samego lub kolejnego dnia. Im medytacja jest dla ciebie przyjemniejsza, tym łatwiej ci praktykować – być samemu ze sobą i przyglądać się, co przepływa przez twój wewnętrzny świat. Może ci się wydawać, że jedna minuta to bardzo mało, ale kiedy spędzasz ją świadomie sam ze sobą, bywa pełna treści!

Jeśli pierwsze doświadczenie medytacji nie było szczególnie pomocne ani uspokajające, ale chcesz spróbować raz jeszcze, poczekaj do następnego dnia. Jeśli nie masz na to ochoty, nie martw się.

Gdy samotna medytacja jest trudna, spróbuj sobie przypomnieć, jak się czułeś, przystępując do praktyki. Towarzyszył ci spokój? Nerwowość? Niepokój? Ostrożność? Czy wycofałeś się do dawnego stanu? Kiedy będziesz badać, rozpoznawać i opisywać, co się wydarzyło, warto prowadzić dziennik. To dobry sposób na lepsze poznanie siebie samego na nowo.

Każdy, kto próbuje rozwijać nową praktykę lub nawyk, wie, jak trudno je wprowadzić i utrzymać. Oto co może wesprzeć twoją regularną praktykę:

- Zastanów się, czy łatwiej ci praktykować rano czy wieczorem.
- Ogranicz rozpraszacze: wyłącz telefon, wyprowadź zwierzę do innego pokoju itd.
- Przed rozpoczęciem medytacji przeczytaj coś inspirującego.
- Czujesz niepokój lub lęk? Idź na krótki spacer.
- Niezależnie od pozycji, w której siedzisz, postaraj się mieć możliwie jak najbardziej odprężone ciało.

Josephine: Moim zamiarem jest znalezienie równowagi. Zaczynam od małych kroków. Koncentracja na oddechu okazała się doskonałym sposobem wsparcia tej intencji. Oddech jest prosty, a jednocześnie znaczący. Deirdre wciąż mi przypomina, że istnieją dwie podróże. Pierwsza to podróż z zewnątrz do środka. Druga – z głowy ku sercu. Zauważyłam, że podążanie z zewnątrz do środka działa na mnie uspokajająco. Poczułam, że moje ramiona i mięśnie twarzy lekko się rozluźniają. Moja świadomość oddechu wzrosła niemal od razu. Super było skupić się na mikroruchach wdechu i wydechu. Zauważyłam tak wiele... potem pojawiły się myśli i świadomość ciała osłabła. Nawiązałam na nowo kontakt z uspokajającym głosem Deirdre i skupiłam się z powrotem na oddechu. Znowu poczułam ruch powietrza i dostrzegłam napięcie i rozczarowanie – albo może tęsknotę za swobodą, którą czułam ledwie chwilę wcześniej. Łagodność nagranego głosu i zaproszenie, by znów skupić się na oddechu, zadziały na mnie rozluźniająco. Podczas tej krótkiej praktyki dotarła do mnie mądrość tkwiąca w przekonaniu, że należy zacząć od małych kroków.

ĆWICZENIE: MEDYTACJA UWAŻNOŚCI

1. Pamiętaj, że na początku wystarczy praktykować tylko przez chwilę: najpierw kilka sekund, potem od jednej do trzech minut.

2. Pierwszym krokiem jest znalezienie cichej, spokojnej przestrzeni. Wielu ludzi zamyka oczy podczas medytacji, a inni preferują spokojne spoglądanie przed siebie.

3. Dostrzeż swój oddech i skup się na przenoszeniu uwagi z zewnątrz do środka. Już ten prosty akt kieruje cię ku uważności. Łagodny oddech pomoże ci się ugruntować. Służy także jako główny przedmiot skupiania uwagi, do którego należy wracać, gdy myśli zaczynają dryfować. Praktyka koncentruje się na dostrzeganiu oddechu i powrocie do niego, kiedy coś zaczyna nas rozpraszać.

4. Dostrzegaj to, co się dzieje wokół. Często uwaga może skupiać się na myślach, obserwacjach, uczuciach, osądach, możesz też mieć w głowie pustkę. Kluczem jest dostrzeganie tego, co się dzieje, bez osądzania i prób naprawy. Jeśli masz

pustkę w głowie, czy możesz się jej przyjrzeć? Jaki jest jej rozmiar, kolor i kształt? Czy towarzyszą jej dźwięki? Spróbuj się w nią zagłębić.

5. „Nazywanie" to przydatna technika, którą warto praktykować jednocześnie z uważną obserwacją. Użyj słowa lub wyrażenia, by nazwać to, co obserwujesz. Jeśli przychodzi ci do głowy przeszła rozmowa, zauważ ją i określ jako „rozmowę" czy „pamiętanie", a następnie zwróć uwagę z powrotem ku oddechowi. Podczas tego procesu ćwiczysz się w utrzymywaniu uwagi na samej obserwacji (i zwiększaniu swojej zdolności do niej) zamiast skupiać się na treści tego, co widzisz, czy ładunku emocjonalnym, który ze sobą niesie.

6. Nie przejmuj się: większość z nas jest w stanie utrzymać uwagę tylko przez kilka sekund. Nasze myśli często dryfują w różnych kierunkach. W medytacji nie chodzi o doskonałość. Ważniejsze jest pełne samowspółczucia dostrzeganie, że nasze myśli dryfują to tu, to tam, i skupienie na obiekcie naszej uwagi (czyli na oddechu).

Bez wątpienia czasem zdarza się nam utknąć i odtwarzać raz po raz stare taśmy albo zaplątać się w intensywne emocje i wrażenia; wtedy warto zwrócić się ku praktyce koncentracji takiej jak *metta* albo z otwartymi oczami skupić się na dźwięku, barwie lub obrazie.

Jeśli uznajesz to doświadczenie za dobre, powtórz je tego samego lub następnego dnia. Gdy czujesz się w nim swobodnie, w dogodnym momencie wydłuż czas praktyki o minutę lub dwie. Jeśli doświadczenie nie okazało się dla ciebie pomocne ani relaksujące, ale chcesz spróbować jeszcze raz, poczekaj do następnego dnia.

Nie martw się, jeśli nie chcesz próbować po raz kolejny. Być może lepsza będzie dla ciebie praktyka koncentracji.

Zrób mentalny skan twojego stanu umysłu w czasie praktyki. Byłeś spokojny? Zdenerwowany? Ostrożny? Czułeś się młodszy?

Każdy, kto podejmuje się duchowej praktyki, wie, jak trudno ją rozpocząć. Zanotuj, co się udało, a co chcesz zmienić następnym razem.

- Czy to była odpowiednia pora dnia?

- Czy coś cię rozpraszało? Czy następnym razem możesz coś zrobić inaczej?

- Czy przydała ci się jakaś inspirująca lektura?

- W jakim stanie było twoje ciało przed medytacją, w jej trakcie i po niej? Co możesz zrobić następnym razem, by było ci łatwiej? Jeśli twoje ciało jest roztrzęsione, przed kolejną praktyką wybierz się na krótki spacer albo spróbuj rozluźnić mięśnie.

ĆWICZENIE: ODPOCZYNEK W ODDECHU

Najpierw przećwicz odpoczynek w oddechu, to znaczy nie rób nic prócz skupienia uwagi na oddechu – albo na nozdrzach, albo na tym, jak powietrze wypełnia twoje płuca i brzuch. Nie chodzi o wstrzymywanie oddechu, lecz tylko o łagodne skupienie na konkretnym miejscu w ciele, w którym oddech naturalnie się pojawia. Postaraj się, by cię „przytrzymał", tak jak przytrzymuje cię twoje ciało czy krzesło, na którym siedzisz. Jeśli twój wewnętrzny świat za bardzo cię przytłacza, spróbuj nazwać lub zauważać to, co się w nim pojawia (np. „uczucia, uczucia", „myślenie, myślenie" czy „planowanie, planowanie"). Samo nadawanie nazwy temu, co w nas wzbiera, i łagodny powrót do oddechu pozwala odłączyć się od treści naszych myśli. Dzięki temu możemy być świadkami tego, co się wydarza, zamiast dawać się w to wciągnąć.

ĆWICZENIE: UWAŻNE OBSERWOWANIE

Znajdź dla siebie miejsce i określ przestrzeń, na której zamierzasz się skupiać. Może być to ściana albo przestrzeń między biurkiem a drzwiami czy pomiędzy dwoma domami. Dostrzeż, co się tam znajduje. Nazwij to, nie komentując ani nie osądzając, i pozwól, by te nazwy odpłynęły niczym chmury.

Jeśli ci to pomoże, stwórz rzeczy, które widzisz, albo je narysuj, bez żadnych ozdobników. Zamiast spisywać ich historię, zanotuj proste obserwacje dotyczące kolorów, tekstur, kształtów i nazw (np. białe biurko, popękany chodnik, przytłumione światło lampy, wyszczerbione szkło). Pamiętaj, żeby twoje obserwacje były tak proste i nieskomplikowane, jak to tylko możliwe.

Nasze umysły dążą do skomplikowanych skojarzeń (np. „to paskudne, białe biurko, które dostałem od matki" albo „ten niebezpieczny kawałek wyszczerbionego szkła" itd.). Łatwo w tym utknąć. Ćwiczenie polega na tym, by 1) uświadomić sobie istnienie danej rzeczy 2) zauważyć to i 3) pozwolić temu minąć.

Kolejna opcja to aktywne słuchanie muzyki. W tym przypadku także obserwuj impuls, który każe ci nadawać znaczenie temu, co słyszysz. Przywitaj go, ale postaraj się po prostu słuchać i zauważać elementy (np. dźwięki, rytm, tempo, natężenie dźwięku). Co się stanie, kiedy zyskasz świadomość ciszy pomiędzy nutami, a także wzorów, w jakie układają się nuty? Nasze myśli oczywiście zaczną dryfować (zawsze tak się dzieje!) i należy je łagodnie zwrócić ku czystemu dostrzeganiu.

Jeśli masz zaufanego przyjaciela, możecie spróbować wspólnej praktyki. Najprawdopodobniej okaże się, że widzi on i słyszy co innego niż ty. To doskonały temat do rozmowy o tym, że ludzie rozmaicie widzą świat, i o tym, że także różne części nas samych mogą patrzeć na tę samą sprawę przez soczewki różnych doświadczeń.

Samodzielna praktyka mindfulness

Oto ćwiczenie: obserwowanie i nazywanie tego, co dzieje się w naszym wnętrzu, tworzenie na to przestrzeni. W tym procesie oczyszczamy przestrzeń, pozwalając sobie na zachwyt, kiedy nadchodzi chwila wewnętrznej jasności i spokoju.

Co sprawia tu trudność? Jak wielu z nas, być może i ty zauważasz, że zaczynasz negatywnie oceniać to, co się dzieje, opuszczając „tu i teraz" na rzecz przeszłości. Nazywam te zbiory minionych chwil „kapsułami czasu", (patrz Umiejętność 5: Zwrot do żywotów równoległych). Są one pełne myśli, uczuć, wrażeń, wspomnień i impulsów. W kapsułach czasu zamknęliśmy szczęśliwe chwile, ale i takie, kiedy czuliśmy się źle lub ogarniał nas wstyd. W rezultacie teraz, kiedy napotykamy na podobne doświadczenia, czujemy lęk, nastawiamy się negatywnie i/lub szykujemy się do osądzania. Praktyka bycia tu i teraz pomaga nam się ugruntować i zwrócić w kierunku, w którym chcemy pójść.

REFLEKSJA NAD PRAKTYKĄ UWAŻNOŚCI

Zastanów się i odpowiedz na poniższe pytania.

Postaraj się dostrzec, kiedy traktujesz siebie ostro, krytycznie i oceniająco. Niektórym łatwiej jest stworzyć listę sytuacji, w których wracają do dawnych, destrukcyjnych zachowań. Gdy zaczynają one pojawiać się rzadziej, potraktuj to jako dowód swoich postępów.

_____

_____

_____

_____

W jakich okolicznościach „tu i teraz" odnosiłeś się do siebie krytycznie?

_____

_____

_____

_____

Czy widzisz coś znajomego w tym, co się wydarzyło? Być może chodzio o ton głosu, gest albo uczucie, które się w tobie pojawia. W jakich momentach zakotwiczone są znajome doświadczenia? Po prostu to dostrzeż. Praktykuj nieoceniającą obserwację jak najczęściej*.

_____

_____

_____

_____

_____

KONCENTRACJA

Cele

- Zrównoważenie negatywnych przekazów i postrzegania samego siebie;

- Skupienie umysłu i spokój;

- Nauka skutecznego przenoszenia uwagi ku pozytywnemu stanowi ducha;

- Zaprzestanie bycia ofiarą negatywnego stanu ducha;

- Akceptacja pozytywnych uczuć i działanie na ich rzecz.

---

* Opcjonalna lektura dodatkowa: *Practicing Mindfulness in Sacred Practices* Nancy Napier i *How to Meditate* Kathleen McDonald.

„Praktyka koncentracji zachęca umysł, by rozwijał się w kierunku, którego pożądasz – z daleka od obszarów, w które nie chcesz się zapuszczać" (Gehlek Rimpoche). Ci z nas, którzy przetrwali traumę, wiedzą, jak trudno jest się skupić i nie zboczyć z właściwego szlaku. Często rozprasza nas wewnętrzny hałas i chaos. Czasem wzbiera w nas naraz wiele uczuć, często przytłaczających. Pochłaniają nas ruminacje, fantazje o zemście czy nawet konkurujące ze sobą dyskusje o tym, co jest, a co nie jest właściwe. Albo ogarnia nas zobojętnienie.

Według badań nasze umysły potrafią skupić się na jednym temacie jedynie przez trzy do siedmiu sekund. Reklamy i media angażują naszą uwagę, bez przerwy zmieniając obrazy. Jeśli jednak nadmiar wewnętrznych bodźców nas przytłacza, warto nauczyć się uspokajać umysł.

Koncentracja i skupienie to kluczowe umiejętności. Wyobraź sobie, jak dobrze jest umieć skupić myśli, kiedy coś budzi w nas silne uczucia. Niemal od razu ogarnia nas wtedy impuls, by rzucić się w wir emocji, choć część nas chciałaby się uspokoić. Zagraża nam niszczycielskie tsunami. Jeśli chcemy zrozumieć, co je wyzwala, spróbujmy je spowolnić. Tę korzystną umiejętność zyskujemy, praktykując koncentrację. Zawężamy nasze pole widzenia, dzięki czemu wszystko wokół blaknie. Pomogą nam w tym wszystkie ćwiczenia koncentracji. Mogą być proste, jak powtarzanie tabliczki mnożenia. Albo śpiewanie.

Jednym z ćwiczeń koncentracji wykonywanych przez uczestników grup BSE, jest pielęgnowanie kochającej życzliwości. To jedna z czterech praktyk, które wspierają *Brahmavihara*, czyli Cztery Niezmierzoności. Obejmują one *metta* (kochającą życzliwość), *karuna* (współczucie), *upeksa* (bezstronność) i *mudita* (współradość).

Odkryłam, że *metta* to remedium na negatywny przekaz powtarzany przez nas samych lub przez innych ludzi. Praktykowanie *metta* (kochającej życzliwości) to jeden ze sposobów na powolne rozładowanie negatywnych przekazów, które wzmacniają wyniszczający obraz samego siebie. Praktyka ta pozwala nam rozwinąć zdolność skupienia na tym, czego pragniemy, i ukierunkować energię w sposób pozwalający nam spojrzeć na nas samych w sposób pozytywny i z kochającą życzliwością, a tym samym budować życzliwszy świat.

Klasyczna praktyka *metta* to milcząca recytacja i powtarzanie czterech fraz. Recytujący delektuje się każdą z nich przed przejściem do następnej. Na Zachodzie spopularyzowała ją nauczycielka buddyzmu Sharon Salzberg. Jej piękna książka *Loving Kindness: The Revolutionary Art Of Happiness* (*Kochająca życzliwość: rewolucyjna sztuka szczęścia*) to znakomite źródło informacji o *metta*.

Oto cztery zdania tradycyjnie wypowiadane podczas medytacji:

Obym był szczęśliwy.

Obym żył w pokoju.

Obym żył swobodnie.

Obym był wolny od cierpienia.

Niektórzy ludzie nie odnajdują się w tych zdaniach, mogą więc recytować inne – mantry, medytację chrześcijańską, różaniec czy wybrane afirmacje.

Najważniejsze to wybrać frazy czy słowa, które pozwolą nam się skupić, nie wplątując w interpretacje. Jeśli zdanie „Obym był szczęśliwy" wywołuje zbyt wiele komentarzy twojego wewnętrznego krytyka (np. jeśli jakaś część ciebie chętnie mówi, dlaczego absolutnie nie zasługuje na szczęście), będzie ci trudno się w nie wsłuchiwać. W ten sposób nie odnajdziesz poczucia spokoju! Jeśli wolisz, użyj fraz pochodzących z innych tradycji duchowych lub stwórz swoje własne. Niektórzy wybierają takie zdania jak „Obym był kiedyś szczęśliwy", „Obym czuł spokój", „Obym był dla siebie łagodniejszy", „Obym przestał się krzywdzić".

W najlepszym przypadku frazy te będą dla twojego umysłu jak latarnia morska, a ty nie będziesz się im sprzeciwiać ani opierać. Co najważniejsze, stan umysłu, w który cię wprowadzą, skieruje cię ku lekkości bez wzbijania mentalnego kurzu.

Jak pisze Kathleen McDonald w swojej klasycznej książce *How to Meditate* (*Jak medytować*): „Nie martw się, jeśli nie czujesz miłości; dość wypowiedzieć te słowa i pomyśleć te myśli. Z czasem uczucie przyjdzie samo". Powtarzając wybrane frazy z odpowiednią intencją, wzmacniamy powstawanie nowych połączeń neuronowych.

W pewnym momencie uczucia dopasowują się do intencji. To ćwiczenie pomoże każdemu, komu wydaje się, że jego jedyną drogą są trud i ból. Kiedy uczysz się otwierać na swoje emocje z samowspółczuciem, zaczynasz *wybierać* spośród nich te pożądane, dzięki czemu zyskujesz poczucie siły. To z niego rodzi się poczucie sprawstwa, a w konsekwencji – wiara w samego siebie.

Metta i inne praktyki koncentracji to dla ocaleńców z traumy jedne z najważniejszych umiejętności do opanowania. Dzięki ćwiczeniom wzmacniającym koncentrację mogą oni zmienić swój stan, kiedy przejmuje nad nimi kontrolę ich układ limbiczny i kiedy przytłaczają ich obsesyjne myśli, niepokój, depresja i wspomnienia.

Metta powinno się jednak praktykować ostrożnie. Stan błogości, do którego prowadzi, bywa przerażający dla osób mających za sobą historię traumy. Nawet minimalnie pozytywne stwierdzenia mogą wzbudzić nienawiść do samego siebie. Mogą się wzmocnić te części psyche, które sprzeciwiają się dobremu samopoczuciu. W stanie błogości doświadczane granice się rozmywają, pozostawiając brak poczucia bezpieczeństwa i kontroli. Może on też stać się wyzwalaczem regresu. U niektórych osób, zwłaszcza tych, którym trudno jest znosić pozytywne emocje, praktyka *metta* może z począdku wywoływać reakcję przeciwną do zamierzonej i wzmacniać nienawiść do samego siebie.

Jeśli praktyka *metta* dla samego siebie okaże się zbyt trudna, może ci być łatwiej skorzystać z kochającej życzliwości dla kogoś innego: dla kogoś bliskiego, zwierzęcia, a nawet dla obcej osoby spotkanej w aptece czy na ulicy.

Niektórzy klienci odnajdują wartość w poświęceniu *metta* tym częściom siebie, które cierpią, złoszczą się lub smucą.

Praca z negatywnymi reakcjami na praktykę *metta* obejmuje równoważenie tego, co negatywne, tym, co pozytywne. Możesz, na przykład, nazwać istniejący przekaz: „nienawidzę siebie", a następnie zrównoważyć go słowami: „i chcę odnaleźć spokój", albo uzupełnić zdanie „jestem do niczego" słowami „i chcę się wyzwolić z tej bolesnej perspektywy". Musimy sobie przypominać, że mamy wolność wyboru remedium – możemy dodać twierdzenie rozpoczynające się od „i" zamiast pozostawać przy tym, co negatywne.

Pewnego razu w drodze na długi wyjazd medytacyjny zatrzymałam się w Nowym Jorku, żeby odwiedzić koleżankę. Zostawiłam walizki pełne ubrań i książek na tylnym siedzeniu samochodu. Kiedy wróciłam do niego po spotkaniu, z przerażeniem zobaczyłam, że ktoś się do niego włamał, uszkodził je i ukradł mi wszystko. Jakimś cudem dostałam się na miejsce.

Kiedy się tam znalazłam, położyłam się w łóżku, cała roztrzęsiona. Pozwoliłam, by trauma przepływała przez moje ciało. Przez wiele dni powtarzałam: „Moje ciało drży... i obym się uspokoiła". Albo: „To było straszne... i obym żyła swobodnie". Dodanie prostego „i" pozwoliło mi uprawomocnić moje doświadczenia, a jednocześnie dać sobie błogosławieństwo i skierować się na powrót we właściwą stronę.

Zapewne czasami medytowanie bywa trudne. W takich momentach *metta* okazuje się dobrym zasobem. Doskonale praktykuje się ją podczas spaceru, ponieważ daje możliwość rozruszania zatrzymanej energii; bardzo też pomaga się skupić.

Inne przydatne narzędzie to praktyka dezidentyfikacji z nienawiścią do samego siebie dzięki medytacji, uważności i skupieniu uwagi na czymś namacalnym w świecie fizycznym poprzez wykorzystanie technik mindfulness do zauważania przedmiotów w pomieszczeniu (drzwi, lampy, zegara, gazety itd.). Możesz również wybrać aktywność taką jak czytanie, trening, oglądanie telewizji, sprzątanie czy robienie czegokolwiek, co działa na ciebie kojąco i reguluje twoje emocje. Może ci też pomóc jedna z list kontrolnych, których używam podczas moich kursów online *Being Different with Triggers* (*Inne podeście do wyzwalaczy*). Na mojej stronie internetowej znajdziesz ją za darmo.

Kilka wskazówek przed rozpoczęciem *metta*

Do wykonania ćwiczenia *metta* potrzebujesz trzech czy czterech życzliwych wobec siebie fraz, które kojarzą się z pozytywnym doświadczeniem wewnętrznym. Jak wspomniałam, klasyczne zdania to:

- Obym był szczęśliwy.
- Obym żył w pokoju.
- Obym żył swobodnie.
- Obym był wolny od cierpienia.

Czy odpowiadają ci one? Czy może wolisz coś innego? Może to być fraza, mantra, refren piosenki, powtarzalny ruch, medytacja chrześcijańska, kilka afirmacji albo modlitwa z różańcem (lub bez).

Możesz również przejść do praktyki mindfulness i zauważać to, co wydobywa się z twojego wnętrza. Uważność często tworzy przestrzeń pomiędzy twoją wizją siebie w danej chwili a myślami czy uczuciami, które się pojawiają.

Korzyści z praktyki koncentracji

- Skupienie daje szansę na spokój, a nawet na błogość.
- Umysł uczy się skupiać zamiast się rozpraszać.
- Wzmacnia się zdolność kierowania swoim doświadczeniem.
- Zaczynamy rozpoznawać, że nie jesteśmy zależni od stanu naszego umysłu.

Zagrożenia związane z praktyką koncentracji

- Jako że wewnętrzne granice się rozmywają, łatwiej jest stracić kontrolę. Może być trudno zauważyć, gdzie jest nasz początek, a gdzie koniec.
- Regres staje się bardziej prawdopodobny.
- Może wzmóc się nienawiść do samego siebie.

ĆWICZENIE: *METTA*

Znajdź spokojne miejsce i usiądź wygodnie; możesz też wykonywać to ćwiczenie podczas spaceru. Weź kilka długich oddechów. Zastanów się, co pomoże ci się zrelaksować. Skup wzrok na punkcie przed twoimi oczami albo, jeśli tak ci wygodniej, zamknij je.

Znajdź frazę (frazy), która jest dla ciebie wspierająca i satysfakcjonująca – którą chcesz słyszeć. Zacznij od powtarzania jej lub innych fraz. Wypowiedz pierwszą z nich. Pozwól, by rozgościła się w tobie. Następnie wypowiedz drugą (lub powtórz pierwszą). Odetchnij i pozwól jej się ugruntować, zanim przejdziesz dalej.

Powtarzaj frazę tak długo, jak zechcesz. Niech słowa rezonują z tobą.

Nie martw się, jeśli zarezonuje z tobą przeciwieństwo tej frazy (na przykład jeśli poczujesz złość zamiast radości). Jeśli tak się stanie, przerwij ćwiczenie i wróć do niego później. Zacznij od 1–5 minut, a kiedy poczujesz się swobodniej, spróbuj dłuższej praktyki.

Pamiętaj, że nie ma właściwej drogi. Praktyka polega na odnalezieniu najłagodniejszego, najłatwiejszego, najprzyjemniejszego sposobu na skupienie. Nie zmuszaj się do czegoś, z czym źle się czujesz. Po prostu spróbuj innym razem. Jeśli zauważysz, że z jakiejś przyczyny zaczynasz się krytykować, praktykuj samowspółczucie. Skup się na pragnieniu, by poczuć się lepiej (to inne ćwiczenie na koncentrację), zamiast czuć się źle.

Warianty

- Skup uwagę na takich uczuciach jak miłość, błogość i życzliwość. Dostrzeż energię krążącą w twoim ciele i to, jak się z nią czujesz. Być może nawet usłyszysz swoje słowa: „To przyjemne" albo „O rany, ależ odpoczywam". Cokolwiek zauważysz, przyjmij to z uśmiechem. W ten sposób nasycisz swoje ciało, umysł i serce życzliwą energią. Pozwól sobie ją wdychać i wydychać. Niech będzie jak fontanna wody, która wzbiera w tobie i rozlewa się po całym ciele. Wdychaj energię, poczuj ją w całym ciele i wypuść jak powietrze.

- Praktykuj wysyłanie *metta* do twojego ciała, do konkretnej jego części lub do kilku części naraz. W klasycznej praktyce najpierw wysyła się *metta* samemu sobie, potem osobie neutralnej, następnie trudnej, a na koniec – całemu wszechświatowi, aż ten nasyci się kochającą życzliwością.

- Jako terapeutka często w przerwach między sesjami wysyłam *metta* sobie i klientowi. Uważam, że chwila medytacji bywa bardziej ożywcza niż kawa!

ĆWICZENIE: DAWANIE I OTRZYMYWANIE BŁOGOSŁAWIEŃSTW

Potrzebne materiały: papier, długopisy, ołówki, kredki, flamastry

Większość z nas dostaje prezenty na urodziny i na święta. Może to wzbudzać różne emocje. Nauka dawania i otrzymywania jest ważnym elementem zmiany twojego wewnętrznego świata –

porzucania starego na rzecz lepszego. Oto połączenie medytacji z projektem artystycznym. Pamiętaj, że prezenty mogą być
niematerialne.

Zacznij od wyciszenia się i przeniesienia uwagi z zewnętrz-
nego świata ku wnętrzu. Jeśli masz ochotę, zamknij oczy.
Przypomnij sobie, kiedy dawałeś i otrzymywałeś prezenty.
Przeczytaj poniższe pytania i zastanów się nad nimi w ciszy.
Odpowiedzi zapisz w dzienniku.

- Czy to były szczęśliwe chwile?
- Czy konieczność obdarowania kogoś była dla ciebie obcią-
  żeniem?
- Czy trudno było ci znaleźć właściwy prezent?
- Jakich reakcji się spodziewałeś, dając komuś prezent?
- Jaką wiadomość chciałeś dostać w odpowiedzi?
- Na co miałeś wielką nadzieję, ale nie wierzyłeś, że się kiedyś
  wydarzy?
- Co chcesz dać innym?
- Jak się czujesz, otrzymując coś w darze?
- Jakie myśli nie pozwalają ci otworzyć się na dary?

Następnie stwórz ozdobną kartkę, na której znajdzie się błogosławieństwo, które chciałbyś ofiarować komuś lub od kogoś
otrzymać. Nie musi być piękna, elegancka ani „ukończona".
Wykorzystaj czas jej tworzenia na poszukiwania, zastanowienie,
otwartość.

Wyobraź sobie, że za jej pomocą udzielasz błogosławieństwa komuś, na kim ci zależy. Jakiego odbioru się spodziewasz? Wyobraź sobie, w jaki sposób dana osoba przyjmie nie tyle kartkę, co samo błogosławieństwo. Czy jest ktoś, komu nie boisz się go udzielić? Co chciałbyś otrzymać w zamian?

Dzięki tej praktyce przedstawiamy siebie, zwłaszcza te części, które zazwyczaj ukrywamy. Wiele osób boi się tego ćwiczenia. Jeśli masz w sobie odwagę, by podzielić się błogosławieństwem z innymi, zauważ ich reakcję. Jeśli nie odpowiedzą zgodnie z twoim życzeniem, czy możesz przyjąć tę niezaspokojoną potrzebę jako informację o tym, co jest dla ciebie ważne?

PRAKTYKI KONCENTRACJI: REFLEKSJA NAD *METTA* (KOCHAJĄCĄ ŻYCZLIWOŚCIĄ)

Zanotuj swoje refleksje w odpowiedzi na poniższe pytania:

Przyjmując żebraka, przebaczając tym, którzy mnie obrazili, nawet posuwając się tak daleko, by pokochać swego wroga w imię Chrystusa, bez cienia wątpliwości daję dowód wielkiej cnoty (…). Ale gdybym odkrył, że najmniejszy ze wszystkich, najbiedniejszy ze wszystkich żebraków, najbardziej bezwstydny z przestępców, mój wróg jest we mnie; że ja sam potrzebuję jałmużny mojej dobroci, że ja sam jestem wrogiem miłości, co by się stało?

– **Carl Gustav Jung**, *Psychologia a religia Wschodu i Zachodu* **(przeł. Robert Reszke)**

Dostrzeż, jak często czujesz potrzebę obdarowywania innych zamiast siebie. Jak by to było, gdybyś w takich chwilach zatrzymywał się i obserwował myśli, uczucia i impulsy rodzące się w tobie automatycznie? Może być ci trudno odpowiedzieć, ale zachęcam do spróbowania.

Które zachowania rozpoznajesz? Co jest w nich znajomego? Jak się zazwyczaj czujesz po tym, gdy zachowasz się „normalnie"?

_____

_____

_____

_____

_____

Czy pojawiają się w tobie myśli i uczucia o tym, by nie angażować się w powtarzające się zachowania? Jak myślisz, co się stanie, jeśli je zmienisz?

_____

_____

_____

_____

_____

Co się stanie, jeśli dasz sobie to, co chciałeś dać komuś innemu?

_____

_____

_____

_____

_____

Wypróbuj to nowe podejście wobec siebie. To dobra zabawa.
Nie ma „właściwego" sposobu, by to zrobić*.

SAMOWSPÓŁCZUCIE I PRZYWIĄZANIE W POKONYWANIU WSTYDU

Cele

- Przeciwdziałanie wewnętrznemu krytykowi, obwinianiu się i ocenianiu;

- Kultywowanie podejścia zorientowanego na rozwój i wspieranie zdolności do zmiany;

- Zmniejszenie cierpienia poprzez wytworzenie ciepła;

- Dostrzeganie tego, co najlepsze w tobie i innych;

---

* Lektura dodatkowa: Rozdział drugi książki Sharon Salzberg _Relearning Loveliness in Loving Kindness: The Revolutionary Art of Happiness_ (_Ponowne uczenie się piękna w kochającej dobroci: rewolucyjna sztuka szczęścia_).

- Rozwój wspólnoty w człowieczeństwie, rozpoznanie, że wszyscy cierpią;
- Ochrona przed depresją i lękiem.

Przywiązanie i samowspółczucie

Kiedy czytałam badania dotyczące teorii przywiązania i opieki nad dziećmi, zdałam sobie sprawę, że dzieje się coś fundamentalnego. Wszyscy żyjemy w cyklu przywiązania. Mieszkamy w naszej strefie komfortu. Poszerzamy ją, kiedy zyskujemy pewność siebie, tak by czuć się komfortowo w wielu różnych miejscach i sytuacjach, wśród innych ludzi. John Bowlby nazwał to „bezpieczną przystanią". To w niej ludzie czują się pewnie i wygodnie.

W idealnej sytuacji, kiedy dziecko ma w swoim otoczeniu mądrzejszych, starszych od siebie ludzi, którzy dostrajają się do jego rozwoju, zaciekawieni tym, kim ono jest, jego podobieństwem i odmiennością, wydarza się coś cudownego – w dziecku rodzi się wewnętrzne poczucie „ja". W tym wzajemnym oczarowaniu dziecka i opiekuna powstaje ich wspólny, pełen zachwytu świat.

Czy masz za sobą doświadczenie przebywania z niemowlęciem, przyglądania się każdemu jego oddechowi, wzruszenia każdym ruchem jego paluszków? W idealnym świecie ten ważny czas połączenia tworzy bańkę, w której dziecko doświadcza fizycznego poczucia bezpieczeństwa i emocjonalnego dostrojenia.

Jeśli inni zapewniają dziecku poczucie bezpieczeństwa, organicznie, prawie przez osmozę, uczy się ono ujarzmiać i zatrzymywać energię życiową przepływającą przez jego układ nerwowy oraz nadawać jej ramy. Kiedy uczy się płynąć z tym wewnętrznym stanem, rozwija się jego poczucie samego siebie; we właściwie wyznaczonych granicach dziecko naturalnie wyraża swoje potrzeby, życzenia i pragnienia – spodziewając się, że zostaną one spełnione.

Z czasem ta wewnętrzna bezpieczna przystań ułatwia dziecku wyrażanie siebie nie tylko przy użyciu głosu, ale też ciała. Mając poczucie bezpieczeństwa, rozszerza ono granice tego, co zna, i bada świat zewnętrzny – pełza, sięga, chwyta, smakuje. Nie wiedząc, co jest słuszne, a co błędne, niemowlę zmienia się w kilkulatka o bogatej ekspresji, odważnie przekraczającego granice znajomego świata, eksperymentującego, przez cały czas świadomego, że obok niego są zaufani ludzie, do których może się zwrócić i którzy zapewnią mu bezpieczeństwo i opiekę podczas nieuchronnych turbulencji wynikających z wykraczania poza swoją strefę komfortu.

Upraszczam: istnieją w nas dwa konkurencyjne systemy, które walczą o naszą uwagę. Ten, który dobrze znamy, to lęk, nakłaniający nas do pozostawania w znajomym, bezpiecznym obszarze. Drugi wewnętrzny układ nakłania nas do eksploracji, sięgania jak najdalej.

Te dwa pierwotne systemy są w nas wbudowane. Potrzeba przynależności i emocjonalnej więzi towarzyszy potrzebie fizycznego bezpieczeństwa. Jako istoty ludzkie musimy mieć świadomość przynależności, bezpiecznych relacji, tego, że jesteśmy akceptowani takimi, jakimi jesteśmy. Kiedy ją mamy, nasze ciało się uspokaja, bo wie, że wszystko będzie dobrze. Czujemy się mniej samotni, kiedy możemy oprzeć się na innych, którzy szanują nasze wewnętrzne przekonanie o tym, co robić, dokąd pójść, kim jesteśmy.

Jeśli w okresie dorastania nie towarzyszył nam domyślny system wsparcia, jesteśmy bardziej narażeni na własne negatywne opinie o sobie, katastrofizację i lęk przed kolejnymi ciosami zadawanymi przez życie. Jak napisał w 2001 roku teoretyk przywiązania Jeremy Holmes, bez bezpiecznej przystani „(…) drobne przeszkody wydają się katastrofami; świat staje się groźny; ból związany z utratą statusu zamiast działać jako zachęta do tworzenia nowych więzi, żyje własnym życiem i staje się przytłaczający".

Teoria przywiązania opisuje nie tylko bezpieczeństwo fizyczne, ale też tkankę łączącą nas z konkretnymi innymi osobami, która zapewnia bezpieczeństwo emocjonalne pozwalające nam wzrastać. Posiadanie bezpiecznej przystani pomaga opanować uniwersalną tęsknotę za przynależnością, za stanowieniem części czegoś, za poczuciem fizycznego i emocjonalnego bezpieczeństwa, a jednocześnie tworzy podstawy dla afiliacyjnego systemu wsparcia, zaopiekowania, zrozumienia, pewności i dowartościowania. Bez tego trudno jest ugruntować się w ciele i otworzyć serce.

Co się jednak dzieje, kiedy nie powiodło nam się na relacyjnej loterii? Dobra wiadomość jest taka, że nie oznacza to, że z nami koniec!

Badania konsekwentnie dowodzą, że możemy „zyskać" tę wewnętrzną bezpieczną bazę. Nawet jeśli nie zapewniono nam podstaw, jako istoty ludzkie zostaliśmy zaprogramowani, by wzrastać, rozwijać się i stawać się czymś więcej. Tę energię widać u ludzi w każdym wieku. Na placu zabaw dziecko z początku trzyma się blisko opiekuna, żeby ocenić, co się dzieje wokół i co robią inni. W końcu tęsknota za „byciem częścią" – za zabawą – przeważa.

Psycholog Colwyn Trevarthen zauważył, że dziecko dwa czy trzy razy oddala się od opiekuna na chwilę, zanim faktycznie wyruszy w świat. Pojawia się coś, co każe mu powrócić w bezpieczne miejsce. Obserwujemy to za każdym razem, kiedy wychodzimy z naszej strefy komfortu. Poza nią tracimy kontrolę; w nieznanym miejscu jest nam mniej przyjemnie. Niechybnie pojawiają się niepokój, zmartwienie czy lęk.

Póki nie nauczymy się pokonywać tych turbulencji, będziemy zwracać się ku bezpieczeństwu, a odwracać od lęku. Jeśli spotkamy się z troską, uwagą, zrozumieniem... ach! Nasz układ nerwowy się uspokoi, rozluźni. Naładujemy go, nim znów wykroczymy poza naszą strefę komfortu.

Ten cykl to początek zwiększania ilości obszarów, w których czujemy się dobrze, rozszerzania i otwierania naszej strefy komfortu. Wrodzone pragnienie eksploracji prowadzi nas do jej granic. Naszą ciekawość równoważy lęk, że „to niebezpieczne!", „trzeba uważać!", „coś złego może się zdarzyć!". Odpowiednia zachęta i wsparcie pomagają nam nawigować po tej pośredniej fazie wychylania głowy poza to, co znamy. Niesie nas świadomość, że inni ludzie nam pomogą, jeśli coś pójdzie nie tak. Ta wiedza daje ulgę, pozwala ugruntować w nas to, czego się nauczyliśmy, zapewnia platformę, z której możemy wykraczać w nieznane, świadomi, do kogo zwrócić się po wsparcie i w jaki sposób uczyć się na podstawie doświadczeń.

Pojęłam sens tej teorii, kiedy obserwowałam dzieci; u dorosłych jest to mniej wyraźne. Kiedy dziecko płacze, podnosi rączki, wiemy, że czegoś chce. A konkretnie: chce być wzięte na ręce, chce być blisko, pragnie pociechy.

To normalne, prawda? Mierząc się z tym w granicach własnego ciała, zdałam sobie sprawę, że nie jest to proces tylko fizyczny. Może lepiej byłoby powiedzieć, że fizycznemu gestowi towarzyszy zazwyczaj jakaś niewypowiedziana potrzeba, „błaganie o więź". Ruch krył w sobie coś jeszcze – potrzebę tego dziecka i nas wszystkich. Ta potrzeba pocieszenia i uspokojenia jest całkowicie normalna. Wszyscy ją mamy. Nie możemy przed nią uciec, choć niektórzy próbują jej zaprzeczać.

To właśnie wspólnota ludzkiego doświadczenia. Wszystkich nas łączy podstawowa potrzeba tworzenia bezpiecznych więzi. Teraz spójrzmy na to, jak wpasowuje się ona w teorię przywiązania – a konkretnie w wewnętrzny model operacyjny Johna Bowlby'ego opisujący soczewkę percepcyjną, za pośrednictwem której wchodzimy w relacje ze światem.

Jak dostrzegać pozytywy, kiedy dzieje się coś trudnego? To niełatwe, prawda? Większość z nas automatycznie wpada w negatywną pętlę, w której jest nam zaskakująco wygodnie. Stosowanie samowspółczucia w cierpieniu nie jest proste. A jednak coraz dokładniejsze badania wykazują, że samowspółczucie stanowi sposób na ulżenie naszemu ciału/umysłowi/sercu oraz na zbudowanie fundamentów mądrości, siły i odwagi. To ono buduje pomost między teorią przywiązania a klasyczną medytacją, pozwalający nam współistnieć z bólem.

Mózg został zaprojektowany do konkretnych zadań. Ewolucyjnie najważniejszym z nich jest rozpoznawanie zagrożenia i szybkie podejmowanie działania w jego obliczu. Jego przetwarzaniu są poświęcone całe układy w mózgu. Kiedy nie jesteśmy wystarczająco uważni, inicjatywę podstępnie przejmuje automatyczna natura układu zagrożenia. Pomyśl o tym, jak wyglądał twój dzień. Załóżmy, że miałeś kontakt z dziesięcioma osobami, ale jedna z nich była obłudna, lekceważąca lub odrzucająca, co wyzwoliło u ciebie gwałtowną reakcję emocjonalną. O której z osób będziesz myśleć przed zaśnięciem? Zawsze o tej, która zachowała się wobec ciebie niewłaściwie.

Rick Hanson opisuje to tak: to, co złe, przylepia się do nas jak rzep, a to, co dobre, spływa po nas jak po kaczce. Remedium stanowi samowspółczucie. Według Kristin Neff, badaczki z Uniwersytetu Teksańskiego w Austin, samowspółczucie ma na celu przeciwdziałanie naszemu wewnętrznemu krytykowi, w zamian oferując ciepło i zrozumienie dla naszych błędów i porażek.

Bardzo wielu z nas nie otaczali ludzie, którzy by widzieli w nas to, co najlepsze, doceniali nas, pocieszali, prowadzili i chronili. W konsekwencji, kiedy nikt, nawet my sami, nie słyszy naszych protestów, wpadamy w spiralę bólu.

Według badań, kiedy dajemy sobie czas na pełne współczucia towarzyszenie sobie, zyskujemy większą motywację, niższy poziom niepokoju i depresji, mniej się krytykujemy i oceniamy.

W książce *The Mindful Path to Self-Compassion* (*Uważna droga do samowspółczucia*) Christopher Germer rozpoznaje 5 obszarów, w których możemy rozwijać samowspółczucie: duchowy, fizyczny, mentalny, emocjonalny i relacyjny. Kiedy połączymy to z teorią przywiązania, znajdziemy w tym remedium na protest. Kiedy czymś się martwisz, zadaj sobie pytanie: „Czego potrzebuję?". Czego potrzebują twoje ciało i serce?

Czy potrzebujesz czuć się bezpiecznie – wewnątrz i/lub na zewnątrz?

Czy potrzebujesz dostroić się do tego, co dzieje się w twoim wnętrzu? Jeśli nie ma obok nikogo, kto mógłby to zrobić, w jaki sposób sam zbudujesz wewnętrzny most dostrojenia? Wsłuchując się w siebie, rozpoznając swoje potrzeby?

Być może potrzebujesz pocieszenia, ukojenia, żeby się uspokoić? Być może popełniłeś błąd i jest ci źle z jego konsekwencjami? Co mogłoby ci pomóc?

Może czujesz się niewidziany? Ciąży ci brak poczucia własnej wartości?

Może potrzebujesz kogoś, kto pomoże ci odnaleźć w tym wszystkim sens?

Kiedy przeżywamy wstrząsy w relacjach, potrzebujemy wsparcia w radzeniu sobie z konfliktem, w szukaniu sposobów naprawy powstałych pęknięć.

Jak możesz podarować sobie maleńką drobinkę ciepła, którego szukasz? Jak się ze sobą zestroić? Często chodzi o potrzebę ukojenia, uspokojenia, zapewnienia, że wszystko będzie dobrze.

ĆWICZENIE: PRZERWA NA SAMOWSPÓŁCZUCIE

„Przerwa na samowspółczucie", stworzona przez Kristin Neff, to proste, lecz skuteczne ćwiczenie, które pozwala ograniczyć stres wywołany trudnościami.

1. Uważność. Dostrzeż cierpienie. Zamiast ominąć to, co cię boli, zatrzymaj się. Zwolnij. Możesz po prostu powiedzieć sobie: „To boli". Albo: „To jeden z objawów mojego cierpienia". Dostrzeżenie i uprawomocnienie tego, co się stało, wprowadza do tej chwili uważność.

2. Wspólnota ludzkiego doświadczenia. Cierpienie stanowi część życia. Chciałabym, by dało się go uniknąć, ale to niemożliwe. Musimy porzucić kulturowe przekonanie, że powinniśmy być wiecznie szczęśliwi, myśleć pozytywnie; że jeśli dzieje się coś złego, to znaczy, że coś jest z nami nie tak. Zauważ, że cierpienia doznają wszyscy. Nikt nie doświadcza w życiu wyłącznie radości. Wszyscy cierpimy.

3. Życzliwość dla samego siebie. Czego teraz potrzebuję, żeby wyrazić życzliwość wobec siebie? Podobnie jak w przypadku ćwiczenia *metta*, poszukaj właściwego zdania lub gestu, który da ci wewnętrzne ciepło i złagodzi intensywność emocji.

Wstyd jako zranienie więzi

Współpracownica Bowlby'ego, Mary Ainsworth, napisała, że najważniejszym zadaniem rozwojowym w dzieciństwie jest ustanowienie bezpiecznej więzi. Późniejsi badacze rozwinęli tę myśl, twierdząc, że chodzi w nim o zyskanie pewności siebie w stosunku do świata oraz o wykształcenie regulacji emocjonalnej i kontroli impulsów, bo to czyni nas ludźmi, którzy potrafią stawić czoła życiowym wyzwaniom, nie odbierając ich osobiście, którzy umieją poruszać się w swoich preferowanych granicach fizjologicznych i emocjonalnych.

Uznanie naszej podstawowej potrzeby tworzenia więzi pełni fundamentalną funkcję, wspierającą nas w budowaniu solidnego, pewnego wewnętrznego rdzenia. Jak już mówiłam, zawsze, kiedy wykraczamy poza naszą strefę komfortu, żeby poznawać świat, pojawia się niepokój – rodzaj lęku. Co wtedy robimy? Normalną, naturalną reakcją jest szukanie uspokojenia i pocieszenia.

Co się dzieje, kiedy ich nie otrzymujemy?

Co, jeśli nie zostajemy pocieszeni, ale zawstydzeni, upokorzeni, wyśmiani, a nawet gorzej – zignorowani czy zlekceważeni?

Kiedy nasza naturalna, wrodzona potrzeba nie zostaje zaspokojona, nasz wewnętrzny układ doznaje wstrząsu. Jesteśmy w szoku. Nie wiemy, co robić.

Jakaś część nas wie, że powinno być inaczej, że powinniśmy spotkać się z inną reakcją. Nie potrafimy zrozumieć, co się wydarzyło. Nasz świat ulega dezorganizacji. Zaczynamy się wstydzić naturalnych, normalnych, wrodzonych potrzeb, które są częścią ludzkiego doświadczenia.

Z tej perspektywy widzimy, że wstyd jest zranieniem więzi. Oto pojawiła się potrzeba – naturalna i pierwotna. W prawidłowym cyklu powinna zostać zaspokojona. Kiedy cykl zostaje przerwany, a my nie dostaliśmy tego, czego potrzebujemy, czujemy, że coś jest z nami nie w porządku.

Im częściej nasze podstawowe potrzeby nie zostają zaspokojone, tym większy towarzyszy nam wstyd. Tragizm sytuacji polega na tym, że odbywa się to właściwie na poziomie biologicznym, poza naszym umysłem. Nasze ciała gną się w paroksyzmach wstydu, a my wierzymy, że coś jest z nami nie w porządku – coś bardzo ważnego, z czego nawet nie zdawaliśmy sobie sprawy.

Teoretyczne definicje i opracowania może i nieźle podsumowują nasze rozumienie wstydu, ale... nic nie jest w stanie precyzyjnie opisać przeżywanego doświadczenia. Czujemy się tak, jakby całe nasze ciało zanurzyło się w lawie, jakby każda jego komórka płonęła żywym ogniem. Jesteśmy gotowi zrobić wszystko, byle nie wykonać wewnętrznego skoku w chaos i lęk. Ciało doznaje tego najpierw. W ciągu nanosekund pojawia się reakcja obronna wraz z pragnieniem ukrycia się, zniknięcia, zamknięcia się w sobie. W następstwie płaty czołowe przestają działać, a mózg nie przetwarza informacji. Na tym etapie ludzie często opisują siebie jako pustych, otępiałych czy zagubionych.

Tsunami wstydu włącza w ciele wszelkie alarmy, podpala ogień pod kotłem pełnym samokrytyki, nienawiści do siebie samego i wszelkich bolesnych ataków na własną osobę. Kiedy sprowadzamy nasze „ja" do tlących się odłamków, przegapiamy protest, który wyraża nasze serce: „Nie powinno tak być! To nie powinno się stać! NIEEEEE!".

Samowspółczucie jako remedium na wstyd

Kiedy wpadamy w spiralę wstydu, trudno nam przeprowadzić jakąkolwiek interwencję poznawczą. Nasze ciała znajdują się w emocjonalnym i fizycznym niebezpieczeństwie. Samowspółczucie stanowi pomost między wstydem i naprawą. W wyjściu ze spirali pomocne są nazywanie i dostrzeganie. „To trudne!", „To beznadziejne!", „To boli". Dzięki nim nie będziemy ześlizgiwać się jeszcze głębiej w ból, ponieważ znów uruchomi się nasz płat czołowy.

W trakcie pracy z modelem głębokiej reorientacji mózgu (*Deep Brain Reorienting*) Franka Corrigana odkryłam, że pomocną techniką ułożenie sobie dłoni z tyłu głowy, ponieważ umożliwia ona fizyczny kontakt z pniem mózgu. Dzięki niej gwałtowne stany emocjonalne uspokajają się. W takich chwilach człowiek potrzebuje współczującego i wyrozumiałego otoczenia, które zapewni mu ukojenie i uspokojenie. Kiedy dotrzemy do fragmentu o żywotach równoległych w ramach piątej umiejętności BSE, przyjrzymy się, jak dają o sobie znać te dawne wdrukowane w nas bolesne doświadczenia, gdy wpadamy w spiralę wstydu.

Kiedy znajdzie się trochę miejsca na oddech, pozostałości wstydu muszą spotkać się z życzliwością – chcemy mieć poczucie przynależności, wiedzieć, że jesteśmy częścią większej całości. Możemy to zrobić sami, przypominając sobie – jak z mocą podkreśla Kristin Neff – że może nie podoba nam się to, co się dzieje, ale cierpimy nie tylko my, ale i wielu innych ludzi. Dzięki świadomości wspólnoty doświadczenia możemy zmienić dynamikę wstydu, izolacji i samotności; możemy towarzyszyć podobnym nam ludziom, którzy także pragną ukoić ból i żyć w sposób bardziej satysfakcjonujący.

Zdałam sobie sprawę, że uzdrawianie bolesnych stanów stanowi trening współczesnego bodhisattwy, czyli kogoś, kto praktykuje przeobrażanie cierpienia we współczucie. Uzdrawianie polega na pogodzeniu się z bolesnymi okolicznościami i świadomym nauczeniu się, jak żyć w nich inaczej. Takie działanie zwiększa naszą zdolność do wzrastania w wewnętrznej życzliwości i łagodzi cierpienie, tak by stało się możliwe do zniesienia.

Dzieje się tak, kiedy zdamy sobie sprawę, że potrafimy trwać w tym, co jest. Zamiast ciągle protestować, walczyć, starać się wszystko zmienić, zatrzymujemy się. Jeśli protest jest drogowskazem… czego potrzebuję? W jaki sposób mogę obdarować samego siebie?

Nie chodzi o bierność, ale o trwanie przy sobie, kiedy życie wydaje się trudne, w świadomości tego, przez co przechodzimy; o akceptację wszelkich doświadczeń bez ich oceniania. Chodzi też o zdolność właściwego reagowania na życie zamiast protestowania przeciwko niemu w natłoku złości, lęków, niepokoju, beznadziei i goryczy.

Supermoce transformacji wstydu

Moc żalu

W buddyjskiej i sufickiej tradycji istnieje pojęcie „potęgi żalu". Żal to niezwykle potężne narzędzie. Potwierdza on, że przykro nam z powodu czegoś, co się wydarzyło. Przyjmujemy cios, ale zamiast popadać w coraz głębsze nieszczęście, w kolejne cykle bólu, nie rozpadamy się… i żałujemy, że to się stało. Musimy być naprawdę silni, żeby nie pokruszyć się na kawałeczki. Ponosimy za to pełną odpowiedzialność. Możemy zrobić to dla siebie, w imię naszego własnego bólu. Możemy żałować, że nas zraniono. Możemy żałować, że nam się to przydarzyło. Możemy również stosować potęgę żalu w relacjach z innymi. Kiedy poczuję ból, który zadałam innej osobie, jestem otwarta na pełniejsze doświadczenie żalu.

Podczas tej praktyki zetkniemy się z naszą reakcją obronną. Ktoś powie nam, że go zraniliśmy, a my zaczniemy wymyślać wymówki i konteksty, żeby wytłumaczyć, dlaczego tak postąpiliśmy. Jenny, członkini jednej z moich grup, zastanawiała się, jak to naprawdę wygląda. Jak często odbieramy coś, na co zwraca naszą uwagę druga osoba, jako osobistą zniewagę?

W tym ćwiczeniu chodzi o coś innego: o to, by przyjąć „cios" i oczyścić go żalem. W moim przypadku często oznacza to, że muszę się zatrzymać, wziąć głęboki oddech i powstrzymać się od natychmiastowej reakcji. Może to też znaczyć, że pozwalam, by słowa czy przeżycia drugiej osoby znalazły we mnie miejsce, osadziły się wewnątrz mnie, bym poczuła, jaki wywarłam na nią wpływ. Wtedy czuję zazwyczaj część jej bólu. To jak mocny, fizyczny cios. Automatyczną reakcją, która pozwala przed nim uciec, jest postawa obronna, sprowadzająca się do udowadniania, że nie jestem wcale takim złym człowiekiem.

Stwierdzenia takie jak „Jest mi przykro" czy „Żałuję, że to zrobiłam" wymagają pokory. Ich stosowanie ma wielką moc i radykalnie zmieniło moje podejście do życia. Pokora nie polega na tym, by czuć się gorzej i dokładać sobie cierpienia, a na otwarciu naszych serc. Na prostej życzliwości: „Przepraszam. Żałuję, że to się stało".

Kiedy zostawiamy za sobą swoją historię i towarzyszący jej kontekst, możemy przyjąć na siebie potęgę żalu. Dzięki niemu powstaje w nas przestrzeń, która odcina nas od krytycznego, osądzającego umysłu i pozwala wejrzeć prosto w nasze serca: przykro mi, że cierpisz. Przykro mi, że cierpię.

Jeśli ktoś oskarża cię o lekceważenie czy złe intencje, pomyśl, czy możesz otwarcie przyjąć na siebie cios, zatrzymać się i zastanowić, czy w tym oskarżeniu tkwi ziarnko prawdy. Może to być nieprzyjemne, ale to droga ku porzuceniu defensywności na rzecz współczucia.

REFLEKSJA NAD ŻALEM

Gdzie w ciele wyczuwasz żal? Jest w tobie? Czy wokół ciebie?

_____

_____

_____

_____

_____

Co się stanie, kiedy podążysz drogą otwartości i pokory? Możesz się lekko ukłonić lub uklęknąć (naprawdę lub symbolicznie).

_____

_____

_____

_____

_____

W jaki sposób twoje ciało „przyjmuje cios"? Co się dzieje, kiedy pozwalasz mu odczuć konsekwencje uderzenia, choćby w małym stopniu?

_____

_____

_____

_____

_____

_____

Czy w ten sposób pielęgnujesz samowspółczucie?

_____

_____

_____

_____

_____

_____

Moc akceptacji potrzeb

Jest takie bardzo, bardzo brzydkie słowo na „p", na którego dźwięk wiele osób się krzywi: potrzeba. Jeszcze gorzej reagujemy, kiedy ktoś potrzebuje uwagi. Spotkaliście się kiedyś z pozytywną reakcją na czyjąś potrzebę uwagi? Jak sam reagujesz na kogoś, kto ma taką potrzebę?

Nasz oparty na samowystarczalności świat odbiera nam prawo do posiadania potrzeb. Nauczyliśmy się więc je wypierać. To dlatego tak bardzo zależy mi na tworzeniu dla nich pozytywnego kontekstu. Jeśli nie zaspokoimy naszej podstawowej potrzeby więzi, będziemy czuć wstyd – przekonanie, że coś jest z nami nie tak, skoro nie spełniono naszych potrzeb.

Protestujemy przeciwko własnej wrażliwości, obawiając się, że kiedy ktoś dowie się, jak bardzo go potrzebujemy, znów nas odrzuci. Czasem boimy się upokorzenia, które może być konsekwencją tego, że kogoś lub czegoś potrzebujemy. Kiedy nasza potrzeba więzi nie zostaje zaspokojona, powstaje w nas szczelina, którą zamieszkuje wstyd. Wykształcamy wiele systemów i barier obronnych mających zneutralizować naszą wrażliwość. Martwimy się o innych, którzy obnoszą się z tym, co lekceważąco nazywamy „potrzebą uwagi".

A jednak ich potrzeby – i nasze potrzeby – są czymś najnormalniejszym na świecie. Wszyscy powinniśmy móc je zaspokoić. Nie zawsze było to możliwe, ale teraz jest. Powinniśmy zerwać z przekonaniem, że okropnie jest je mieć. Musimy przebudzić nasze współczujące serce, które potrafi je rozpoznać. Dzięki ich spełnieniu dostaniemy się tam, gdzie naprawdę chcemy być.

Chcąc wyćwiczyć w sobie umiejętność znoszenia bólu, który wywołują niespełnione potrzeby, i otwartość serca w chwilach żalu, możemy praktykować zaufanie. Warto też pamiętać o ludziach, którzy przeobrazili swój ból we współczucie.

Buddyzm opiera się na potędze tak zwanych „trzech skarbów": Buddy (będącego przykładem tego, co możliwe), Dharmy (pism) i Sanghi (wspólnoty). Budda, jak inne ikoniczne postacie, daje nam przykład możliwości. Wskazuje drogę. Chrześcijaństwo posługuje się przykładem Jezusa. Muzułmanie zwracają się do Mahometa. Każda religia i tradycja duchowa czerpie z jakiegoś schematu. Nie jest to jednak tylko fenomen religijny czy duchowy. Chodzi także o rozpoznanie własnej wartości, tego, co dla ciebie ważne, i skupienie się właśnie na tym. Wzorcem może być dla ciebie członek twojej rodziny lub społeczności czy przyjaciel. Może to być jedna z milionów osób, które pozostawiły po sobie piękną, trwałą spuściznę.

Bardzo mocno wierzę, że każdy z nas musi nawiązać relację ze swoją duszą – ze swoją prawdziwą naturą. Możliwość ponownego połączenia z tym, co dla nas naprawdę ważne, nas wzmacnia. Być może nawiążesz relację z Buddą, traktując go jak źródło wiedzy, a może co innego karmi twoją duszę i serce. Może to być przyroda, zwierzę, społeczność wolontariuszy czy organizacja zajmująca się sprawiedliwością społeczną.

Głęboki wstyd jest ekspresją protestu. Protestujemy przeciwko oddzieleniu nas od fundamentalnych potrzeb, które powinniśmy byli zaspokoić. Nasze ciało i serce powtarzają, że nie tak powinno być. Ból, wstyd i cierpienie kierują nas tam, gdzie chcemy pójść.

Czego potrzebujesz? W jaki sposób możesz zwrócić się ku czemuś, co da ci więcej niż tylko ból i cierpienie? Na czym możesz się oprzeć?

REFLEKSJA NAD POTRZEBAMI

Jakie wartości są dla ciebie ważne?

Czy możesz pozostać wierny tym wartościom pomimo tego, co się stało?

Czy masz jakąś zaufaną osobę, z którą możesz porozmawiać o akceptacji swoich potrzeb?

_____

_____

Jaką potrzebę czujesz w tej chwili? Czy możesz podać przykład lub opisać ją obrazem lub słowami? Co się dzieje, kiedy zwracasz się ku temu konstruktywnemu przeciwieństwu?

_____

_____

_____

_____

_____

Moc konstruktywnego przeciwieństwa

Jednym z moich najważniejszych nauczycieli – tym, któremu ufam – jest geranium w moim gabinecie. Codziennie, gdy tam wchodzę, podlewam je i ustawiam tak, by piękne liście i kwiaty spoglądały w moją stronę. Najzabawniejsze jest to, że geranium zachowuje się, jakby miało własny umysł. Wie, czego potrzebuje, i pod koniec dnia zwraca się do okna, szukając światła, ciepła, wchłaniając siłę życiową.

Kiedy rozmawiałam z pewną osobą, słuchając jej i wczuwając się w jej ból, zdałam sobie sprawę, że wszyscy potrzebujemy umiejętności, którą przejawia to geranium. Powinniśmy być gotowi na to, co niesie życie, ale także zwracać się ku temu, co daje nam siłę.

Ta wiedza jest elementem nauk jogicznych. Kiedy przyjmujesz w jodze pozycję skręconą w jedną stronę, twoje ciało będzie automatycznie chciało zwrócić się w drugą, dążąc do równowagi. Protest oznacza dla nas walkę z czymś. Czym jest przeciwieństwo? I czy może być dla nas konstruktywne?

Cassidy, jedna z moich klientek, wypróbowała to ćwiczenie, choć wydawało jej się ono szalenie trudne. Znajomi oskarżyli ją o egoizm. Bardzo zabolał ją ten „cios" zadany jej poczuciu własnej wartości. Kiedy spróbowała wsłuchać się w ten zarzut, unikając postawy obronnej, zdała sobie sprawę, że każdą rozmowę prowadzi tak, by to ona stała się jej tematem. Przyjaciele odnosili wrażenie, że dla nich brakuje przestrzeni.

Kiedy zadałam jej proste pytanie: „Czego potrzebujesz?", całe jej ciało zaczęło drżeć na wspomnienie wstydu, w który wpędzano ją, gdy chciała poczuć się wyjątkowa. Poświęciłyśmy chwilę na pracę z nim. Przypominałam Cassidy, że pragnienie bycia wyjątkowym, dostrzeganym, wartościowym, jest całkiem normalne. Dzięki temu jej ciało i serce rozluźniły się. Zapytałam wtedy, co byłoby bardziej konstruktywnym przeciwieństwem „zajmowania całej przestrzeni". To pytanie stało się dla niej nowym otwarciem, skłaniającym do refleksji nad tym, jak dzielić się przestrzenią i być w nią włączanym, a nie z niej wypychanym. Zdała sobie sprawę, że jej potrzeba bycia zauważoną odpychała innych, a w konsekwencji nikt nie był dostrzeżony – dla wszystkich brakowało miejsca.

REFLEKSJA NAD KONSTRUKTYWNYM PRZECIWIEŃSTWEM

Przeciwko czemu protestujesz?

_____

_____

_____

_____

_____

Jakie byłoby konstruktywne przeciwieństwo tego protestu? Czy wiesz, na czym polega twoja potrzeba?

_____

_____

_____

_____

_____

Moc wdrukowanej obietnicy

Kiedy wpadamy w wir wydarzeń, musimy radzić sobie z towarzyszącym nam cierpieniem. Kiedy jednak udaje nam się wydobyć z chaosu, często zapominamy o praktyce. Musimy wdrukować sobie obietnicę, że nie będziemy powtarzać zachowań, które spowodowały nasz ból. Obietnica może dotyczyć kolejnej godziny czy kolejnego dnia. Czasem możemy sobie obiecać, że już nigdy tego nie powtórzymy, do końca naszych dni.

Najczęściej jednak warto powtarzać tę praktykę codziennie. To łagodne, ciągłe przypominanie sobie o żalu, o akceptacji potrzeb, o konstruktywnym przeciwieństwie i obietnicy, że pozostaniemy z nimi w głębokiej relacji. Musimy złożyć tę obietnicę, by spełnić wszystkie pozostałe.

Dzięki uświadomieniu sobie fundamentów łatwiej nam współczuć. Ułatwia nam to także usuwanie przeszkód, tak by nasze serce – nasza prawdziwa istota – mogło rozbłysnąć.

Pod skorupą naszych ochronnych barier tkwi piękno, które nigdy nie zostało zbrukane. Ta część ciebie błyszczy twoją prawdziwą źródłową energią. Wielu z nas w procesie zdrowienia ucieka przed tym pięknem. Nie wierzymy w jego prawdziwość. Gubimy się we wszystkim, co z nami nie tak i co wciąż nie działa. Jednak pod spodem tkwi nasza nieskalana natura.

Jak mawia jeden z moich nauczycieli medytacji, Gehlek Rimpoche: „Musisz wiedzieć, że jesteś dobrym człowiekiem. Musisz przyznać, że tkwi w tobie piękna ludzka natura. Żeby pokochać siebie, musisz się sobą zaopiekować".

REFLEKSJA NAD WDRUKOWANĄ OBIETNICĄ

Czy możesz dziś złożyć jakąś obietnicę, której dotrzymasz? Jaką?

_____

_____

_____

Jaką szansę daje ci konstruktywne przeciwieństwo? W jaki sposób zmieniłoby się twoje życie, gdybyś stale zwracał się ku niemu?

_____

_____

_____

_____

_____

Samowspółczucie w codzienności

Bezpieczeństwo fizyczne i emocjonalne

Zachęcam cię, byś użył samowspółczucia jako sposobu na uwolnienie się, uspokojenie i zintegrowaanie. Musimy przyznać, że mamy naturalną potrzebę bezpieczeństwa. Jest ona wspólna dla wszystkich ssaków – nasze ciała dążą ku poczuciu bezpieczeństwa. Kiedy ssak (z nami włącznie) wyczuwa zagrożenie, instynktownie zwraca się ku ciepłu, które go chroni. Nasz pierwotny ruch to ruch ku ochronie przed zagrożeniem. Jeśli nie czujemy się bezpiecznie na zewnątrz, zamykamy się w sobie – odsuwamy się od ekstremów, uciekamy do samego środka.

Praktykowanie samowspółczucia może nam pomóc czoła niektórym spośród naszych wewnętrznych blokad. Część osób nie ceni samowspółczucia, ponieważ sposobem na motywację jest dla nich samokrytyka. Samowspółczucie wydaje im się zbyt „miękkie"; obawiają się, że nie pozwoli im ruszyć się z miejsca.

Paula, która pracowała w organizacji zajmującej się sprawiedliwością rasową, gwałtownie zaprotestowała, gdy zaproponowałam jej dołączenie do mojej grupy praktykującej uważne samowspółczucie. Starała się uprzejmie odrzucić moją sugestię, stanowczo twierdząc, że gdyby zaczęła okazywać sobie współczucie, świat nie stałby się lepszy, a ją pochłonąłby ból.

Rozmawiałyśmy o tym, jak istotne są kwestie, którymi zajmowała się zawodowo. Wspomniałam również, że by zajmować się dowolną sprawą, potrzebujemy bardzo wielu umiejętności. Kiedy pracujemy nad tematami politycznymi, kulturowymi czy społecznymi, takimi jak systemowy rasizm, warto nie tylko protestować przeciwko zastanemu porządkowi, ale także wiedzieć, dokąd zmierzamy.

Paula zmaga się z wagą bezpieczeństwa – dopiero kiedy wiemy, że jesteśmy w danym momencie bezpieczni fizycznie, możemy pomóc innym ludziom. Pojawia się tu także kwestia bezpieczeństwa emocjonalnego i psychologicznego. Wielu członków naszych społeczności, których wewnętrzny i zewnętrzny świat ściera się z dynamiką władzy – na przykład osób z mniejszości rasowych, społeczności LGBTQ czy osób pozostających w przemocowych związkach – postrzega ten temat jako skomplikowany.

Musimy dążyć do koniecznych zmian i jednocześnie oczyszczać naszą wewnętrzną przestrzeń tak, żebyśmy czuli się bezpiecznie w samych sobie. Sayla wykorzystywała samowspółczucie, kiedy była w przemocowym związku: był to sposób, by się z niego wyzwolić. „Praktykowałam samowspółczucie tysiące razy dziennie. Raz po raz zdawałam sobie sprawę z bólu, który czułam; z cierpienia, które mi towarzyszyło. Z początku złościłam się na siebie za to, że byłam głupią ofiarą. Doskonale umiałam sama siebie krytykować. Kiedy Deirdre zasugerowała mi samowspółczucie, odrzuciłam je. Pomogło mi rozpoznanie, jak bardzo potrzebowałam pomocy. Zamiast się z tego powodu oskarżać, zaczęłam dostrzegać, jak mocno pragnęłam bezpieczeństwa – na zewnątrz i wewnątrz. Potrzebowałam pocieszenia, życzliwości, bliskich więzi. Pomogło mi to podjąć odpowiednie kroki, by wydostać się z destrukcyjnego związku, w którym tkwiłam. Zajęło mi to sporo czasu, ale jestem wdzięczna, że się udało".

Otwarcie i zamknięcie

Warto też wiedzieć, że życie ma swój naturalny rytm: otwieramy się i zamykamy. Wszystko unosi się, dociera na szczyt i opada. Rytm ten obejmuje wszystko, także nasz wewnętrzny świat. Rodzimy się, z maluchów zmieniamy w nastolatków, później dorosłych, a w końcu umieramy. Na mniejszą skalę: piosenka zaczyna się, rozwija i kończy. Kiedy włączamy się w ten naturalny rytm, zdajemy sobie sprawę, jak wiele razy otwieramy się, zmieniamy i zamykamy.

Badacz Ed Tronick zaobserwował to u dzieci. Intensywność niemowlęcego spojrzenia jest zachwycająca. A jednak, jak w przypadku każdego kontaktu, czasem dziecko odwraca wzrok, żeby spojrzeć na coś innego. Opiekunowie również to robią. Ten ruch ku… i od… Beatrice Beebe szczegółowo opisuje jako rytm więzi między dziećmi a opiekunami.

Nasze serce się otwiera. Przychodzi czas, by się zatrzymać, zintegrować, być może zrobić krok w tył. Warto, byśmy sami dla siebie i w relacjach z innymi zwracali uwagę na naturalny rytm: nawiązujemy kontakt i oddalamy się na chwilę, wracamy, płyniemy w tę i z powrotem od otwarcia do zamknięcia.

Nie zawsze musimy być otwarci. Czasem życie jest zbyt ciężkie i musimy umieć chować się do wewnątrz. Intensywność emocji i informacji sprawia, że bywamy przestymulowani. Dla równowagi musimy się czasem zatrzymać. Potrzebujemy odpoczynku – odwrotu od stymulacji. Czasem naprawdę musimy zamknąć się w sobie, ale czy nie byłoby miło, gdybyśmy znaleźli na to łatwiejsze, łagodniejsze sposoby?

Rozpoznanie

Życie wydarza się w wielu wymiarach. Czasem jesteśmy tak obecni w danej chwili, wciąga nas film czy książka, że zapominamy o codzienności. Czasem władzę nad nami przejmuje przeszłość. Te chwile nie są zazwyczaj zbyt szczęśliwe; pochłania nas wtedy dobrze znane nam cierpienie albo wracamy do konfliktu, który nigdy nie został rozwiązany. W takich momentach praktykowanie samowspółczucia świetnie się sprawdza. Możemy po prostu położyć dłoń na sercu i szepnąć do siebie: „To bardzo trudne, to bardzo trudne". Czy możesz wtedy nieco zwolnić i poczuć ciepło dłoni spoczywającej na sercu? Zatrzymać resztę życia i zająć się tylko sobą? Wiem, to trudne. Jesteś ze sobą sam na sam. Wrócimy do tego tematu w rodziałach o żywotach równoległych i o analizie wyzwalaczy.

Często, kiedy jesteśmy tu i teraz, przeszłość przesącza się do chwili obecnej. Jesteśmy zdezorientowani, odczuwamy silne emocje, a nasze wewnętrzne doświadczenie się zmienia. Być może było nam dobrze i wesoło, a teraz dopadły nas strach i smutek – nagle pojawia się w nas pewność, że stanie się coś złego, że czeka nas rozczarowanie…

Taka reakcja nie zawsze musi być niewłaściwa. Czasem w teraźniejszości powracają do nas pomocne wspomnienia, jednak pewne schematy bywają szkodliwe. Trudno zmienić tak dobrze opanowany sposób reagowania. Jeszcze wiele lat później postępujemy dokładnie tak samo. Przypomina mi się klient, który wychowywał się w rodzinie wojskowych – kochającej, lecz surowej. Nauczono go odpowiadać: „Tak jest". Ten schemat jest tak silny, że mężczyzna do dzisiaj używa tych słów. Czy to pomocny, czy szkodliwy schemat? Na to odpowiedzieć musi sam zainteresowany.

Niektóre spośród najgłębszych schematów wdrukowują się w nas we wczesnych miesiącach życia, zanim jeszcze rozwinie się pamięć narracyjna, co zazwyczaj ma miejsce w wieku dwóch, trzech lat. Czasem zostajemy nimi naznaczeni, kiedy doświadczamy wielu emocji, nie mając czasu, przestrzeni ani struktury wewnętrznej, które pomogłyby nam nadać im sens. Bywa, że schematy utrwalają się w nas poprzez powtarzanie, jak w przypadku mojego klienta, który mówił: „Tak jest". Dotyczy to też każdego z nas, kto bez przerwy wmawia sobie, że jest bezwartościowy, że nie czeka go nic dobrego albo że jest tylko oszustem, czy cokolwiek, co jest niesprawiedliwe i dołujące.

Te doświadczenia skutecznie się w nas wdrukowują, stając się naszym schematem odbierania świata, schematem widzenia i słyszenia go. Ich ślady okazują się soczewką, przez którą patrzymy na rzeczywistość. Jak wiemy dzięki wewnętrznemu modelowi operacyjnemu Johna Bowlby'ego, relacje, które tworzymy od urodzenia do trzeciego roku życia, pozostają w nas. Kształtują one w naszej podświadomości to, jak postrzegamy wszystko, co przydarza się nam i światu wokół, a także jak tego doświadczamy.

Jak zobaczymy w rozdziale „Zwrot do żywotów równoległych", przeszłość wielokrotnie zakrada się i wtrąca w naszą teraźniejszość, powodując zamieszanie. W tych momentach możemy nauczyć się „miareczkować" doświadczenie życiowe. Niewielu z nas pokazano to w okresie dorastania. „Trawienia" życia i regulowania doświadczenia można się jednak wciąż nauczyć. To jak zjeść ostrą papryczkę, poczuć coś bardzo intensywnie, a potem nauczyć się opisywać to wrażenie z użyciem słów, by nadać kształt doświadczeniu w mniej lub bardziej pozytywny sposób.

Słowa, którymi posługujesz się, by opisać na swój użytek jakieś doświadczenie, pomagają je kształtować – teraz i w przyszłości. Jeśli wciąż powtarzasz, że coś jest okropne, to przekonanie się w tobie umacnia. Kiedy czemuś towarzyszą silne uczucia i doświadczenia, polecam używać takich zdań jak: „O rany, teraz to trudne. Ale w przeszłości, kiedy miałem mniej umiejętności i zdolności rozumienia, to musiało być znacznie trudniejsze".

W ten sposób tworzy się nadrzędne porozumienie łączące przeszłość z teraźniejszością: oto jak było kiedyś. To tak, jakbyśmy otworzyli wehikuł czasu, a nasze ciała i umysły wypełniły się wspomnieniami – odczuwanym doświadczeniem wydarzeń z przeszłości – chociaż my wciąż jesteśmy tutaj.

Celem „miareczkowania" jest nauka zanurzania się i wynurzania, tak by nie dać się przytłoczyć doświadczeniu, ale spowalniać je, wkraczać w nie stopniowo i nabierać go po odrobinie. Zanurz się w doświadczeniu, nabierz naparstek, wynurz się i zintegruj je.

Samowspółczucie pomaga nam złagodzić cierpienie poprzez rozpoznanie, że istnieją rzeczy, które wolimy od bólu. Rozwijamy w sobie odwagę, by otworzyć się na nasze potrzeby i pragnienia. Z biegiem czasu zaczynamy dążyć do życia jak najbliżej tego, co dla nas prawdziwe, do harmonizowania z tym, co mamy w sercu.

ĆWICZENIE: WITANIE I PRZYJMOWANIE – SO HUM / HAMSA

Cel: Kiedy życie zdaje się zbyt trudne, by je znieść, ta wersja praktyki So Hum („Jestem") daje nam sposób, by ucieleśnić to, od czego się oddaliliśmy.

Instrukcja: Uzewnętrznij tę część doświadczenia, która wydaje ci się skomplikowana, czy to za pomocą wyobraźni, czy spisując ją albo rysując na kartce. W wyobraźni lub naprawdę umieść to, co uzewnętrzniasz w bezpiecznym miejscu – w twoim domu lub poza nim.

Używając mantry So Hum („Jestem"), powoli wczuj się w swój kręgosłup, wyląduj w ciele, znajdź uziemienie w stopach i swoje centrum. Jestem. So hum. Jesteś tutaj. Właśnie tutaj.

Kiedy poczujesz siebie w ciele, przenieś uwagę na uzewnętrznione doświadczenie, którym się zajmujesz. Rozłóż szeroko ramiona w geście powitania, ale weź tylko tyle, ile jesteś w stanie. So Hum. Tym również jestem.

W swoim tempie nawiąż kontakt z uzewnętrznionym doświadczeniem; przyjmij to, cokolwiek tam znajdziesz. So Hum. Tym również jestem. Pozostając wierny swojemu własnemu tempu, będąc w kontakcie ze swoim ciałem i zewnętrznym doświadczeniem, powoli przyciągaj energię. So Hum.

To również jestem ja. Przyciągaj energię, póki jest ci z tym dobrze. Nie musisz niczego przyspieszać ani do się niczego zmuszać: odkrywaj i witaj.

Umiejętność 3

WEWNĘTRZNY PRZEPŁYW INFORMACJI: MYŚLI/UCZUCIA/WRAŻENIA

Cele

- Nauka bezpiecznego nawiązywania kontaktu z myślami, uczuciami i wrażeniami towarzyszącymi większości doświadczeń;
- Stosowanie rozróżnień: rozpoznawanie, że myśl jest myślą, uczucie – uczuciem, a wrażenie – wrażeniem;
- Odkrycie „mostu zestrojenia";
- Rozpoznawanie niedostrzeganych wcześniej, nawykowych skojarzeń;
- Zwiększenie zdolności do pozostawania świadomym;
- Stworzenie platformy pozwalającej ingerować w doświadczenie i dekonstruować/rozbrajać wyzwalacze.

Kiedy uczymy się zwalniać, otwierają się przed nami drzwi do większej swobody i komfortu życia w swojej skórze. Trudno to sobie czasem wyobrazić, bo jesteśmy przyzwyczajeni do traktowania ciała i umysłu jako całkiem odrębnych bytów. Alice Graham, psychoterapeutka z Belfastu i absolwentka kursu BSE, opisuje, że przechodzi przez te drzwi, by wsłuchiwać się się w wyzwalacze dzięki świadomości i umiejętności rozróżniania między myślami, uczuciami i wrażeniami. Kiedy zestraja się ze swoimi klientami, często widzi, jak plączą się oni w swoich historiach i tracą z oczu to, co dzieje się wewnątrz nich. Wszyscy możemy robić to, co ona.

Praca ta polega na dostrojeniu się do języka ciała. Alice opowiedziała, co robi, kiedy widzi, jak ktoś się odpala: „Po prostu zwracam uwagę na to, że – na przykład – na wspomnienie matki szczękasz zębami albo mocno zaciskasz powieki i odwracasz głowę".

Świetnie, gdy towarzyszy nam wykwalifikowany terapeuta, który nas wysłucha i pomoże nam zestroić się ze sobą. Jednak kiedy nie dysponujemy takim zewnętrznym zestrojeniem, możemy zrobić to samodzielnie jako dorośli w ramach naszego rozwoju. To w tym momencie tak istotne jest zwolnienie tempa, nawiązanie kontaktu z samymi sobą zamiast zgody na to, by nasza historia – taka, jaką wielokrotnie sami opowiedzieliśmy sobie (i innym), nas przytłoczyła. Odtworzenie schematu interakcji z naszym wewnętrznym światem kieruje nas w stronę większej przestrzeni i większej możliwości wyboru.

Większość z nas rozpoczyna pracę nad zdrowieniem po długim czasie pełnym bólu i cierpienia – w przeciwnym razie nie mielibyśmy w sobie siły, żeby się z nimi zmierzyć! Doskonale to rozumiem. Jak pisałam wcześniej, zdrowienie to dyscyplina olimpijska, która zasługuje na medale. Wymaga poświęcenia, odwagi i zaangażowania. Nie licząc na sportową sławę, wykonujemy naszą pracę w ciszy, skromnie, niezauważalnie; i tylko napotykane po drodze cenne drogowskazy pokazują nam zmianę. Kiedy ingerujemy w ból i przekształcamy cierpienie, oddychamy z ulgą. Kiedy rozpoznajemy, że coś wyzwala w nas silne emocje i zdajemy sobie sprawę, że możemy w jakiś sposób powstrzymać spiralę przerażenia, zyskujemy poczucie sprawczości; wiemy, że nie musimy ciągle cierpieć. Zburzenie tego schematu to początek budowania solidnego, stałego poczucia siebie.

Dlatego zaczynamy od prostych ćwiczeń, uznając je za sedno pracy, którą musimy wykonać: musimy zapoznać się z małymi klockami, które są budulcem doświadczenia, z myślami, uczuciami, wrażeniami, które w nas wirują. Dzięki temu zyskujemy większą świadomość tego, co w danym momencie dzieje się w naszym ciele – a to konieczne w procesie zdrowienia. Mamy wtedy szansę zaingerować w reakcję traumatyczną i skierować to, co dzieje się w naszym wnętrzu, we właściwą stronę.

„Tak wiele przesącza się pod powierzchnię" – zauważa terapeutka z Victorii Kimberley Hopwood, która prowadzi szkolenia ze stosowania umiejętności BSE w terapii par. – „Niesamowite jest to, że kiedy dajemy sobie »czas dla ciała«, to, nad czym chce pracować ciało, często różni się od tego, o czym klient myślał czy o czym zamierzał mówić podczas sesji".

Dawno wpojone nawyki naszych umysłów i emocji, a także stare schematy wdrukowane w ciało przyciągają twoją uwagę i wplątują cię w interpretacje i skojarzenia z przeszłości, nawet kiedy nie jesteś tego świadomy. Jesteś tak bardzo przyzwyczajony, że życie wygląda tak, a nie inaczej, że nie podajesz tego w wątpliwość.

Most zestrojenia

Kiedy zachowujemy się zgodnie ze starymi schematami, niełatwo jest nam odróżnić stare skojarzenia od prawdy w danej chwili. Czasem trudno nam się zorientować, jak bardzo ból, który czujemy, wynika z historii, które podświadomie powtarzamy. To one reprezentują teraz całą naszą prawdę. Kiedy nasze płaty czołowe są zalewane negatywne emocje i wrażenia, bardzo trudno jest się nimi nie stać.

Pomyślmy o kilkulatku, który próbuje zrozumieć świat. Rozgląda się, wchodzi w interakcje z ludźmi i przedmiotami, stymulując w ten sposób to, co doktor Daniel Stern nazwał „afektami wibracyjnymi" (*vibrational affects*). Występują, kiedy spowalniamy daną chwilę, odrzucamy wszystkie codzienne „sprawy" i doświadczamy tego, co się naprawdę dzieje. Twórca focusingu Eugene Gendlin określa ten stan „wewnętrznym doświadczeniem" (*felt experience*).

Kojarzycie ten moment, kiedy patrzycie na kurz wolno unoszący się w powietrzu? Możesz nazwać go „kurzem" (to dostrzeganie i nazywanie), ale co by było, gdybyś pozwolił sobie doświadczyć po prostu leniwie poruszającej się kropki? Co dzieje się w twoim ciele?

Pierwsze pojawia się doświadczenie… a potem budujemy wokół niego szereg skojarzeń i interpretacji. Jeśli jestem naprawdę ciekawa odczuwanego doświadczenia, mogę sięgnąć po drobinkę kurzu i dostrzec, co się ze mną wtedy dzieje – na zewnątrz i wewnątrz.

Większość z nas, przytłoczona obowiązkami, przestaje dostrzegać te krótkie momenty. Stały się tak znajome, że albo je przegapiamy, albo ograniczamy się do skrótowych obserwacji („Och, tyle kurzu fruwa w powietrzu!").

Kilkulatek żyje natomiast w tym doświadczeniu, jest z tym, co się dzieje, w czasie, kiedy to się dzieje. Jeśli ktoś pomaga mu zrozumieć jego wewnętrzny świat, składa wszystko w całość. Znamy historię Helen Keller, która od dziewiętnastego miesiąca życia nie widziała ani nie słyszała i pogrążała się w chaosie, póki jej nauczycielka Anne Sullivan nie pomogła jej go zrozumieć. Pierwszym słowem, którego nauczyła się Helen, było słowo „woda": Anne włożyła jej dłoń pod kran. Woda nabrała sensu. Woda płynęła i zaspokajała naturalne dla ciała pragnienie.

Jeśli nie mieliśmy kogoś, kto pomógłby nadać sens naszemu wewnętrznemu światu, zestroił się z nami, reagował na nas, interesował się tym, co dzieje się w naszym wnętrzu, a nawet rozpoznawał, kiedy byliśmy głodni, a kiedy potrzebowaliśmy zmiany pieluszki, to skąd mielibyśmy wiedzieć, co zrobić z chaotycznym wewnętrznym pulsowaniem, wibrowaniem, kołysaniem i kurczeniem się?

W okresie dorastania nasz mózg się rozwija; uczymy się myśleć, odpowiadać i reagować, ale wielu z nas oddziela to od swojego wnętrza. Jak mówi Susan Aposhyan, psychoterapeutka ciała, budujemy poczucie siebie na powierzchni tego wewnętrznego pulsującego świata.

Pozbawieni wczesnego zestrojenia, mamy przed sobą zadanie zbudowania „mostu": relacji z samymi sobą, w której jesteśmy siebie świadomi, jednocześnie dostrajając się do wewnętrznych stanów, by zrozumieć, co dzieje się w naszym wnętrzu. Ta umiejętność to jedno z najważniejszych zadań rozwojowych dorosłych, konieczna, byśmy zyskali solidne poczucie siebie.

Jak już widzieliśmy, praktyki mindfulness, *metta* i koncentracji są ważnymi ćwiczeniami, które pozwalają zapanować nad trudnymi stanami ducha. Jednak sama praktyka zazwyczaj nie wystarcza. Należy również lepiej rozumieć i wiązać ze sobą wrażenia, a także obudzone przez nie uczucia i myśli, które szybko przebiegają nam przez głowę.

Kiedy chcemy rozwinąć naszą świadomość i zwiększyć wgląd w siebie, zaczynamy rozpoznawać myśli, uczucia i wrażenia, które tworzą kontekst dla naszych wewnętrznych doświadczeń. W badaniu tych elementów naszego doświadczenia kryje się ukryta korzyść. Wszystkie je można studiować, dostrzegać, badać. Im lepiej poznamy i zdefiniujemy te wewnętrzne rozróżnienia, tym łatwiej zmienimy stare nawyki i zaczniemy się zachowywać inaczej.

Maria przywołała dwie sytuacje, w których doświadczanie dyskomfortu spowodowanego przez wrażenia cielesne pozwoliło jej odmienić świadomość i energię.

Pierwsza sytuacja wydarzyła się, kiedy Maria jechała spotkać się z krewnymi na dużej, świątecznej kolacji; w jej samochodzie zepsuł się wtedy tłumik. Chociaż do spotkania została godzina, Maria zatrzymała się i pozwoliła sobie na przerwę; starała się nie czuć jedynie napięcia i obaw o to, że jej rodzina się obrazi, ale też próbowała rozpoznać myśli, z których rodziły się strach i uczucie niepokoju, zazwyczaj prowadzące do przytłaczających wrażeń fizycznych – to wszystko sprawiało, że nie chciała żyć we własnym ciele!

Używając umiejętności BSE, które poznała podczas kursu internetowego, zmieniła tok myśli. Dzięki przerwie nie pozwoliła, by jej zmartwienia przejęły kontrolę, lecz zwolniła bieg myśli, pozostała ugruntowana i uruchomiła pozytywny przekaz. Tłumik w jej samochodzie został szybko naprawiony, a ona ruszyła w dalszą drogę. Zastanawiała się później nad tym, jak bardzo jest z siebie dumna i zwróciła uwagę, że szczęśliwie zauważyła usterkę tuż przy warsztacie samochodowym. Potrafiła dostrzec dobre strony całej sytuacji.

Druga sytuacja przywołana przez Marię miała miejsce na rodzinnym spotkaniu, podczas którego doszło do awantury. Zdołała ją przetrwać w spokoju, nie przestając myśleć logicznie. Zamiast zadzwonić do koleżanki, żeby się wygadać, zauważyła: „Czułam wirujące głęboko we mnie emocje, aktywowane dzięki temu, że wybrałam inne zachowanie. Duża część mnie nie była przyzwyczajona do takiego podejścia! Zamiast uciekać czy zamknąć się w sobie, zwolniłam i towarzyszyłam temu, co się działo. Pozwoliłam, by to uniosło się na szczyt i opadło. Wreszcie, tak jak mówiłaś, Deirdre, emocje przefrunęły przeze mnie i nie musiałam użyć żadnego z moich dawnych mechanizmów przetrwania".

Myśli często są pomocne, ale mogą też utrudniać życie. Kierują naszym wewnętrznym światem, dlatego tak korzystna bywa terapia behawioralno-poznawcza. Dzięki rozwijaniu i wykorzystywaniu naszych umiejętności badania, co dzieje się w naszym wnętrzu, akceptujemy i powstrzymujemy powódź emocji i wrażeń fizjologicznych, które w przeciwnym razie mogłyby nas przytłoczyć.

Odbywa się to w korze mózgowej, która porządkuje nasz chaotyczny świat wewnętrzny. Badania Josepha LeDouxa nad strachem pomagają nam zrozumieć, co się dzieje z naszym myśleniem, kiedy czujemy się przytłoczeni: wówczas tworzy się więcej połączeń neuronowych z ciała migdałowatego, które uruchamiają alarm, niż tych z kory mózgowej, które mają zdolność wyciszania ciała migdałowatego. Jestem pewna, że doświadczyliście kiedyś nagłych, silnych emocji, które musieliście uspokajać przez długi czas.

Jednocześnie myślenie bywa pomocne. Możemy wykorzystywać je, żeby dostrzegać, co się dzieje, nazywać nasze reakcje i w ten sposób tworzyć strukturę (dzięki której możemy w bezpieczny sposób praktykować ucieleśnianie).

Miałam, na przykład, klientów, którzy czuli się tak bardzo nieszczęśliwi, kiedy zanurzali się we własnej historii, że nie byli w stanie chodzić do pracy. Pamiętam dzień, w którym moja klientka Misha przyszła do gabinetu, żeby poprosić o zaświadczenie o niezdolności do pracy. Było mi jej strasznie szkoda – jej przeżycia były tak intensywne i niszczące. Wiedziałam, jak bardzo mogła jej pomóc struktura wyzwalająca z ciągłych ruminacji. Poprosiłam ją, żeby zwolniła i dosłownie wykorzystała to, że pracuje w finansach – liczby i bilanse – do skupienia umysłu i stworzenia wewnętrznego „pojemnika" na jej ciało. Pomogło. Była wdzięczna, że nie straci źródła dochodów, a co więcej, kiedy poskromiła swój szalony świat wewnętrzny, wzrósł jej szacunek do samej siebie.

Kiedy wiemy, że wydarzy się coś, co może nas sprowokować, warto wykorzystać swoje zdolności poznawcze. Możemy planować z wyprzedzeniem i stworzyć strategię radzenia sobie z sytuacją. Możemy też zdekonstruować nasze przeszłe doświadczenia i zbadać nowe sposoby radzenia sobie z nimi w przyszłości. Dzięki temu poradzimy sobie z niespodziewanym i nie rozbije nas ono na kawałki. Intencjonalne, uważne przewidywanie przypomina trenowanie mięśnia i może nam pomóc uniknąć nawykowej spirali wstydu.

Umiejętne myślenie pomaga również wprowadzać rozróżnienia między zmieniającymi się stanami ego. Zazwyczaj, kiedy osoba jest przytłoczona emocjami, nie rejestruje już bieżących faktów – jej doświadczenie staje się plątaniną wrażeń, uczuć i myśli. Co więcej, teraźniejsze doświadczenie przenika to dawne i nieprzepracowane (więcej informacji na ten temat znajdziecie w rozdziale „Umiejętność 5: Zwrot do żywotów równoległych”).

Opanowanie umiejętności rozdzielania sklejonych ze sobą doświadczeń daje poczucie jasności i kontroli. Gdy mierzysz się z jakąś obezwładniającą emocją, zadaj sobie fundamentalne pytanie: czy to doświadczenie jest proporcjonalne w stosunku do tego, co się wydarza?

Oto, na co warto zwrócić uwagę: Jeśli doświadczenie jest zbyt duże (zbyt „naładowane”) i czujesz się w nim zagubiony, możesz założyć, że u jego podłoża leżą bolesne przeszłe przeżycia.

Korzystanie z właściwych rozróżnień pomaga nam nawigować po trudnych doświadczeniach i w konsekwencji pchnąć nas w pożądanym kierunku.

W pewnych sytuacjach nie jesteśmy w stanie myśleć w umiejętny sposób. Wplątujemy się w typowe trudności takie jak:

- *Nadmierne analizowanie*, które ma miejsce, kiedy używamy myśli bez odniesienia do informacji zmysłowych i emocjonalnych pochodzących z ciała. Obsesyjny aspekt analizowania nie pozwala wówczas żadnym nowym elementom przerwać pętli rozmyślań, przez co człowiek jeszcze bardziej oddala się od rzeczywistości danej chwili.

- *Dystansowanie się*, które nie pozwala na bezpośrednie doświadczanie; zamiast pozwolić sobie na swobodną eksplorację tego, co naprawdę się dzieje, tworzymy teorie na temat bieżących wydarzeń.

- Często w grę wchodzą również *negatywne skojarzenia i przewidywania* wynikające z wewnętrznych doświadczeń.

Ogólnie rzecz biorąc, wszystkie omawiane w literaturze poznawczo-behawioralnej błędy poznawcze to przykłady nieumiejętnego myślenia.

Uczucia to ogólne pojęcie, którego używam na określenie naszych emocjonalnych doświadczeń. Podobnie jak myślenie, one także muszą zostać zrównoważone przez inne aspekty doświadczenia.

Rozmowa o uczuciach budzi mieszane reakcje u ocaleńców z traumy. Czasem doświadczają oni silnych, przytłaczających i bolesnych emocji, które całkowicie dominują nad ich poczuciem siebie.

Uczucia, zwłaszcza we wczesnej i środkowej fazie procesu zdrowienia, mogą być dojmujące, trudne, więc wiele osób stara się ich za wszelką cenę unikać. Kiedy analizujemy miriady warstw doświadczenia zawartych w słowach takich jak „smutek", dostrzegamy zakodowane w nich skojarzenia i interpretacje, zamiast jedynie na nie reagować. Pozwala nam to kontrolować te uczucia zamiast poddawać się ich kontroli, dzięki czemu zyskujemy dostęp do nich jako do wartościowych wskazówek, które poszerzają naszą świadomość „ja".

Pogłębienie rozumienia naszej psychiki sprawia, że uczymy się bardziej umiejętnie wykorzystywać nasze uczucia. Możemy, na przykład, rozpoznawać w nich wiadomości od stłumionych części nas samych, informujące nas o czymś w teraźniejszości lub pokazujące sposób, w jaki przeszłość przesącza się do chwili obecnej.

Koniecznie należy pozostawać w kontakcie z uczuciami. Stanowią one ważny drogowskaz, dzięki któremu wiemy, co nam odpowiada, a co nie, czego się boimy i na co mamy nadzieję, i pomagają nam rozpoznać nasze granice. Jako że bezpieczne otoczenie i doświadczenie wewnętrzne są kluczowe w leczeniu traumy, musimy poznać wewnętrzne sygnały, które je nam wskazują.

Uczucia pokazują również kontrast między obecnym, niepożądanym stanem, który możemy odrzucić, a alternatywą, do której możemy dążyć.

Unikanie uczuć nie pozwala na pełne ucieleśnienie. Kiedy nasz wewnętrzny świat odbieramy jako nieprawdziwy, trudno jest nam go badać. Nie umiejąc wchodzić we właściwe relacje z naszymi uczuciami, utrwalamy wadliwy związek z jaźnią, charakteryzujący się występowaniem chaotycznych epizodów wywoływanych przez bolesne wyzwalacze. Jeśli chcemy uniknąć tego błędnego koła, musimy zaprzyjaźnić się ze sobą i ze swoimi uczuciami.

Uczucia czasem nam przeszkadzają, bo tak bardzo nie pasują do rzeczywistej sytuacji, że prowadzą do błędnych działań, myśli czy planów. W takich chwilach są one sygnałem, że przeszłość wdziera się w chwilę obecną i wpływa na nasze doświadczenie. Kiedy uczymy się używać uczuć jako naszych przewodników, łączących teraźniejszość z przeszłością, możemy mądrze wykorzystywać informacje.

Kiedy jesteśmy zbyt głęboko zanurzeni w uczuciach, zamykamy się na możliwości. Nie potrafimy zaakceptować nowych pomysłów na siebie i na to, dokąd zmierzamy. Zamiast stać się kreatywni, pozostajemy sparaliżowani i czujni, tkwiąc w starych sposobach bycia. Przytłoczeni uczuciami, stajemy się przesadnie ostrożni, otępiali, sztywni. W takim stanie satysfakcjonujące życie wydaje się niemożliwe. Chaotyczne uczucia utrudniają także znalezienie w sobie determinacji i energii koniecznej do uzyskania innego, bardziej pozytywnego rezultatu.

W to błędne koło wpadł mój klient Philippe. Podobnie jak innym, jemu również wielokrotnie powtarzano, że jego uczucia są nieważne. Uciszany przez tyle lat, chciał regularnie przyglądać się swoim nieznanym dotąd uczuciom, żeby uzyskać dostęp do „prawdziwego siebie". Walczył o nie, ale chęć, by inni głęboko zestroili się z każdą jego emocją, nie pozwalała mu rozwijać kariery. Nauczył się więc dostrajać do siebie, nadawać wartość swoim uczuciom i samemu sobie dawać pewność, nie wymagając, by czynili to dla niego inni. Nie tylko uczyniło to życie Philippe'a łatwiejszym, ale też pozwoliło odetchnąć jego żonie, która do tej pory starała się wyczuwać wszystkie stany emocjonalne męża.

Wrażenia cielesne są szczególnym wyzwaniem dla ludzi, którzy doświadczyli traumy, ale stanowią bardzo istotny element tworzenia swobody w ciele. Jeśli nie uznajemy naszych ciał za miejsca warte przebywania, prawdopodobnie mieliśmy ograniczoną liczbę pozytywnych doświadczeń.

Wrażenia to podstawowe elementy ucieleśnionego doświadczenia. Kiedy ich doznajemy – łaskotania, napinania, rozluźnienia, wibracji, ciepła, zimna, ruchu – zawsze otrzymujemy jakąś nieświadomą, automatyczną odpowiedź. Jako że wrażenia te często występują w pakietach, można je interpretować na wiele różnych sposobów, zależnie od skojarzeń, jakie wcześniej z nimi mieliśmy.

Kiedy doświadczamy jakiegoś cielesnego wrażenia, niemal natychmiast przychodzi nam do głowy jakieś skojarzenie czy historia z przeszłości albo przewidywanie przyszłości, które nakładamy na chwilę obecną. W tym stanie rzadko doświadczamy tego, co się naprawdę dzieje; zwracamy się raczej ku dawnym interpretacjom, przewidywaniom albo historiom, w które uwierzyliśmy. Choć skojarzenia te i historie są przesadnie uproszczone, powodują ogromny stres u osób, które przeżyły traumę.

Umiejętność wyodrębniania wrażeń cielesnych daje ogromne korzyści. Większość z nich nie jest z natury ani przyjemna, ani nieprzyjemna. Łaskotanie jest łaskotaniem, ruch mięśni jest tylko ruchem mięśni, a drżenie – drżeniem. A przynajmniej dopóki nie dojdzie do skojarzenia tych wrażeń z jakimś problemem. Jeśli zostaną zinterpretowane w kontekście przeszłej traumy, nawet te pozornie niewinne mogą stać się kłopotliwe. Możemy, na przykład, skojarzyć drżenie z płaczem, płacz z lękiem, a lęk z czyhającym na nas zagrożeniem. W sekundę tworzymy skrót:

proste cielesne wrażenie równa się niebezpieczeństwu, niezależnie od tego, czy coś rzeczywiście nam zagraża.

Wyizolowanie pojedynczych wrażeń z tego pakietu zmniejsza
stres obecny w naszym ciele, bo zmniejsza się liczba informacji
do przetworzenia. Ludzie cierpiący na ataki paniki często czują
ulgę, kiedy skupiają się na pojedynczych wrażeniach takich
jak bicie serca, zamiast zajmować się tym, że bije mocno czy
szybko. Koncentrują się tylko na tym, że ich serca biją… biją…
biją. Kiedy rozpoznajemy pojedyncze wrażenia, ograniczamy
liczbę informacji do przetworzenia, dzięki czemu nie przejmują nad nami władzy skojarzenia towarzyszące zazwyczaj
atakom paniki.

Kiedy obcujemy wyłącznie z czystym wrażeniem, otwieramy
się i koncentrujemy na chwili obecnej. Możliwości jej interpretacji poszerzają się, a powiązania z bolesnymi historiami
z przeszłości – rozluźniają.

Przesadne skupienie na wrażeniach może powodować problemy, zwłaszcza gdy odczucia pojawiają się nieoczekiwanie.
Zaskoczeni i pozbawieni odpowiednich narzędzi, możemy poczuć, że tracimy kontrolę. W takich przypadkach wrażenia są
jak przytłaczająca, chaotyczna masa stymulacji. Może nam się
wtedy wydawać, że spowolnienie jest niemożliwe. Wrażenia
zmieniają się tak szybko, że nie potrafimy ich wyizolować, a tym
bardziej uważnie nazwać. Robimy wtedy niemal wszystko, żeby
się wyłączyć – częste reakcje to odrętwienie, wymazanie z pamięci czy wybuch złości.

Zazwyczaj, gdy wrażenia sklejają się ze sobą i zawierają nie-
uświadomione, niekontrolowane skojarzenia z przeszłością lub
przyszłością, stają się przytłaczające i nie do zniesienia.

Otwarcie się na czyste wrażenie to skuteczny sposób powracania do teraźniejszości, musimy być jednak świadomi, że czasem doświadczenie może być dla nas zbyt obezwładniające, zbyt otwarte i pozbawione granic.

Z biegiem czasu nieświadomie tworzymy skróty myślowe. Badanie i poznawanie każdego wrażenia wymaga czasu i praktyki. Kiedy poświęcamy czas na zyskanie świadomości, mamy większą szansę na skuteczną interwencję, kiedy wzrasta poziom stresu.

Po latach pisania dziennika, które nic nie zmieniało, podczas lektury *Od nowa po traumie* Roberta nauczyła się rozpoznawać myśli, uczucia i wrażenia cielesne. Zauważyła, że centrum jej emocji, uczuć i wrażeń jest jej brzuch; to stamtąd rozprzestrzeniają się one na resztę ciała. Kiedy skupiła na nim uwagę jako na punkcie wyjścia, zdała sobie sprawę, że żadne z jej uczuć nie jest groźne. Następnie skupiła się na swoich myślach – najpierw na jednej, potem maksymalnie na trzech naraz. Tak postępując, odkryła, że może myśleć jaśniej i przestała wpadać w panikę.

ĆWICZENIE: JAK OBJAWIA SIĘ W CIELE LĘK?

Aby zilustrować to, co zostało dotąd powiedziane, zbadajmy dość powszechne uczucie lęku. Jakie wrażenia pojawiają się w twoim ciele, kiedy się boisz?

Na liście znajdują się zazwyczaj szybkie bicie serca, mrowienie w brzuchu, napięcie mięśni, trudności z oddychaniem, płytki oddech, ruchy mięśni i podenerwowanie.

Teraz porównaj lęk do ekscytacji. Gdybym spytała: „Jakich wrażeń doświadczasz, kiedy czujesz ekscytację?", większość osób opowiedziałaby o… napięciu mięśni, mrowieniu, szybkim biciu serca, płytkim oddechu i podenerwowaniu.

Zastanówmy się więc: na czym polega różnica?

Odpowiedź brzmi: kontekst i skojarzenia – etykieta, którą nadajemy wrażeniom. Póki nie nauczymy się rozróżniać poszczególnych wrażeń, odrętwienie i płytki oddech będą stymulować lęk, skłaniając nas do dystansowania się od doświadczenia zamiast zobaczenia w nim szansy na przyjrzenie się sobie głębiej.

Stałym doświadczeniem Jessiki było zamykanie się w sobie. Mówiła: „Bardzo trudno mi rozpoznać moje uczucia. Kiedy zwalniam… dostrzegam tylko zobojętnienie. Być może kiedy jestem przytłoczona, moje ciało się wyłącza". Po pewnym czasie wyznała: „Zagłębienie się w doświadczenie nie było łatwe. Nigdy nie wiem, czego się spodziewać. Nie wiedziałam, co tam znajdę, i często wydawało mi się, że nie znajduję nic. Czułam się odrętwiała lub zamknięta. Deirdre zasugerowała, żebym przyjrzała się temu, jak lekceważę myśli, uczucia czy wrażenia, albo ich unikam – w ogóle nie chcąc się do nich zbliżać. Zaczęłam praktykować tworzenie przestrzeni na wszystko, powolne przyjmowanie wszystkiego – w tym przypadku była to często drętwota. Zaczęłam akceptować ten stan, to doświadczenie: OK, czuję się odrętwiała. Deirdre pytała mnie, na przykład: czy twoje ucho jest odrętwiałe? Jak się czują mieszki włosowe twojej lewej brwi? Co się stanie, kiedy jej dotkniesz? Czy coś tam jest? Co czujesz, kiedy ją ściśniesz? Zaczęłam dostrzegać, że wiele części mojego ciała wcale nie drętwieje. Odważyłam się na dalszą eksplorację: czy moja szczęka jest odrętwiała? Dotykałam jej. Badałam palcami od zewnątrz, jak poszczególne części mojego ciała się czują i jak reagują na dotyk. Zaczęłam różnicować miejsca zdrętwiałe i te, które wydały mi się żywe, swobodne, zrelaksowane – nawet spokojne. Teraz zadaję sobie pytanie: czym jest drętwota? Co to za doświadczenie? O czym wtedy myślę? Co czuję? Jak reaguje moje ciało? Jak długo to trwa? Czy odrętwienie ogarnia mnie całą? Gdzie się zaczyna, a gdzie kończy? Czy można je powiększyć lub zmniejszyć? Jestem wdzięczna, że mogłam tak dobrze poznać moje ciało, porzucić stare etykiety. Całe moje życie się zmieniło dzięki zaciekawieniu tym, co dzieje się wewnątrz mnie".

Medytacja i skomplikowane doświadczenia

Zainteresowanym czytelnikom chciałabym przedstawić pewne medytacje buddyjskie, które stanowią podstawę koncepcji BSE. Buddyjskie podejście do pracy z trudnymi emocjami daje ciekawe rezultaty w pracy z głęboko zakorzenionym rozregulowaniem emocjonalnym.

Po pierwsze dostarcza remedium, kiedy dana osoba czuje się wplątana w trudne emocje. Jeśli ktoś doświadcza złości lub nienawiści, może nie czuć się zdolny do odczuwania miłości/

życzliwości/łagodności. Remedium to łagodne wchodzenie w doświadczenie czy też, jak mówi Pema Chödrön, „oparcie się na nim", tak by otworzyć daną chwilę. Człowiek pełen zazdrości może odkryć remedium, intencjonalnie doceniając coś w drugiej osobie. Jeśli jesteśmy na kogoś źli, odprężamy się, przyznając na przykład, że „od czasu do czasu osoba ta zachowuje się niewłaściwie, ale jest bardzo czuła wobec swojego zwierzęcia". To prosta praktyka, która wymaga jednak wiele intencjonalnego skupienia.

Dla ocaleńców z traumy, których podzielone i wycofane części „ja" tak często napędzane są przez uczucia, znalezienie remedium bywa znacznie trudniejsze. Jeśli zostały one traumatycznie zakodowane w wieku pięciu lat, zaczynamy rozumieć komplikacje: małe dziecko, zranione czy zrozpaczone, nie ma psychologicznej zdolności zmiany biegu i uspokojenia się.

U dorosłych z doświadczeniem traumy rozwijanie metod radzenia sobie z rozregulowaniem emocjonalnym przynosi znakomite rezultaty. Obejmują one przyjmowanie wszystkiego, co nam się przydarza, tworzenie przestrzeni na wszystkie uczucia, myśli i wrażenia. W modelu wewnętrznych systemów rodzinnych zapraszamy do siebie każdy z tych elementów.

Na przestrzeni lat spotkałam niezliczonych ocaleńców, których praktyka duchowa jest bardzo bogata. Dzięki swojej wytrwałości nauczyli się pielęgnować stan ducha, który przynosi bezstronność, współradość, kochającą życzliwość i współczucie (cztery niezmierzoności czy *brahma viharas*).

Nawet mimo głębokiej praktyki duchowej wielu ocaleńców musi prędzej czy później zająć się traumą przechowywaną w zamkniętych strefach umysłu. Często podążają oni drogą duchową, żeby uniknąć konieczności radzenia sobie z wciąż nieprzepracowaną, często niszczącą historią. Chociaż te wyuczone stany bywają piękne, same w sobie mogą stać się kolejnym sposobem na trzymanie życia na dystans.

Zamiast tego osoby, które przeżyły traumę, muszą nauczyć się stabilizować swoją uważność i ze współczuciem wchodzić w te wyparte stany. Wymaga to koncentracji – chęci, by wciąż skupiać się nad tym, dokąd chcemy pójść, nawet kiedy wyparta część wyje i krzyczy, zmienia się w pustkę albo występuje przeciwko nam. Ten typ koncentracji obejmuje uważność, dzięki czemu zyskujemy możliwość przenikania do rodzących się stanów przytłoczenia i ujrzenia ich takimi, jakie są.

Bardzo ważna jest zdolność zauważania i doświadczania. Jeśli widzimy, co się dzieje, i potrafimy spowolnić to, co nas przytłacza, możemy stworzyć dla siebie nowe, wewnętrzne terytorium. Stosowanie nowo odkrytej łagodności i miękkości zapewnia nam psychologiczną siatkę bezpieczeństwa. Kiedy praktykujemy taką podwójną zdolność (np. zdolność do bycia tu i teraz przy jednoczesnej obserwacji tego, co się dzieje), mocniej zakotwiczamy się w chwili teraźniejszej. Rozwijamy w sobie strukturę konieczną, by lepiej znosić stres i uczymy się obiektywnie i ze współczuciem doświadczać tego, co wyparte. W wielu tradycjach słowo „medytacja" oznacza „zaznajomienie". Poprzez praktykę medytacji klienci zaznajamiają się z udręczonymi stanami ducha, uwalniając ból długo identyfikowany z wyzwalaczami.

Łącząc ze sobą różne remedia i poznając trudne stany emocjonalne, klienci uczą się bardziej umiejętnie zarządzać swoją uwagą. Im częściej znajdą drogę do wewnętrznych przestrzeni pokoju i bezpieczeństwa, im więcej zaufania i odwagi w sobie wzbudzają, tym bardziej prawdopodobne, że ich spotkanie z trudnymi emocjami będzie bezpieczne. Im częściej będą z uważnością przyjmować wewnętrzne turbulencje, tym mniejsze prawdopodobieństwo, że niektóre spośród tych stanów ich zaskoczą i wypchną z obranego toru. Uczą się oni nawigować między chęcią uważnego pozostawania w teraźniejszości (nawet, kiedy nie jest to przyjemne) a praktyką skupiania umysłu, ciała i serca na tym, czego pragną, tym samym obniżając poziom napięcia i przeciwdziałając nawykowym negatywnym myślom.

Kolejny krok to nauka odnalezienia odpowiednich remediów w medytacji. Dzięki praktykowaniu jej zaczynamy dostrzegać, że wrodzona natura przykrych dla nas stanów nie jest aż tak niezmienna ani aż tak przerażająca, jak nam się wcześniej wydawało. Im częściej będziemy praktykować zmianę naszego wewnętrznego doświadczenia, tym bardziej naturalne stanie się dla nas podejmowanie bardziej konstruktywnych działań czy nowych, słusznych interwencji, kiedy wszystko się rozpada. Małym krokiem ku temu rodzajowi mindfulness jest świadomość M/U/W (myśli/uczuć/wrażeń), które splatają się i zlewają w stan niepokoju. Kiedy zaczynamy nazywać M/U/W, które tworzą naszą rzeczywistość, zaczynamy też dostrzegać/rozumieć, w jaki sposób ją zniekształcają.

DWA ĆWICZENIA, DZIĘKI KTÓRYM ODKRYJESZ WEWNĘTRZNY PRZEPŁYW INFORMACJI

Ćwiczenie 1: Stanie w pozycji góry

Stojąc w jogowej pozycji góry lub w innej, wygodniejszej pozycji przez 10–15 minut, opisuj wszystko, co dzieje się w twoim ciele i umyśle.

Jeśli towarzyszy ci zaufana osoba, poproś ją, żeby notowała wszystko, co mówisz, a także twoje reakcje niewerbalne i fizyczne (takie jak opadanie ramion, ruchy stóp, drżenie itd.). Możesz też poprosić ją o to, żeby się z tobą zamieniła.

Kiedy poczujesz, że zaczerpnąłeś już z tego doświadczenia wszystko, co możliwe, weź głęboki wdech, a podczas wydychania powietrza powoli opuść ramiona, dostrzegając i opisując wszystko, co się dzieje, kiedy wracasz do pozycji wyjściowej. Opisz swoje doświadczenie relaksu. Jakie słowa przychodzą ci do głowy, kiedy jesteś obecny w swoim ciele i możesz smakować to relaksujące doświadczenie? Jakich myśli, uczuć i wrażeń jesteś teraz świadom? Jeśli wykonujesz ćwiczenie z partnerem – co on dostrzegł? Czy zauważyłeś, jak zmieniły się twoje zachowania, kiedy zmianie uległ twój wewnętrzny dialog?

_____

_____

_____

_____

Czego się nauczyłeś? Co wyciągnąłeś z tego doświadczenia?

_____

_____

_____

_____

Wskazówki, jak wykonać pozycję góry

Stań z nogami rozstawionymi na szerokość bioder. Przez chwilę wyczuwaj stopami podłogę. Być może będziesz chciał przenieść ciężar z nogi na nogę, dostrzegając, która pozycja jest dla ciebie najbardziej gruntująca. Przenoś ciężar z palców na pięty albo kołysz się z boku na bok. Zatrzymaj się w wygodnej, zrównoważonej pozycji. Zwróć uwagę na całe ciało; zrób wdech i wyciągnij w górę czubek swojej głowy. Być może poczujesz, że głowa się unosi, a kręgosłup wydłuża. Teraz jednocześnie delikatnie wyciągnij w górę czubek głowy i dociśnij stopy do podłogi. Dostrzeż uczucie wydłużania.

Następnie zacznij łagodnie wydychać powietrze do czubków palców. Zauważysz wrażenie ciągnięcia w ramionach. Jeśli to możliwe, wypuść powietrze do szczytu głowy. Weź głęboki oddech i wypuść powietrze do czubków palców. Powoli unieś ręce wzdłuż boków ciała. Kiedy znajdą się na wysokości ramion, przekręć dłonie do góry. Opuść ramiona, a ręce unieś nad głowę. Zatrzymaj je, kiedy dłonie znajdą się nad ramionami, wnętrzami zwrócone do siebie. Weź długi, głęboki oddech. Rozluźnij ramiona; weź oddech do stóp i do szczytu głowy. Niech w pozycji trzymają cię twoje kości – struktura twojego ciała – tak by twoje mięśnie były rozluźnione, a oddech swobodny.

Ćwiczenie 2: Podchodzenie

To jedna z wersji medytacji podczas chodzenia. Wybierz przedmiot, który umieścisz przed sobą. Może to być poduszka albo krzesło. Możesz też użyć tabletu albo książki.

Znajdź obok siebie jakiś przedmiot, na którym możesz się skupić. Chcę, żebyś wybrał przedmiot, który nie wzbudza w tobie negatywnych emocji, a raczej pozytywne lub neutralne. Będziemy dosłownie iść krok po kroku. Jeśli nie możesz wstać i iść, przyjmij pozycję siedzącą i wybierz przedmiot, który jest blisko.

Kiedy będziesz tak siedzieć lub stać, mając przedmiot nieopodal, dostrzeż, co dzieje się z twoim ciałem; co się w nim znajduje. Większość ludzi ma jednocześnie wiele myśli, uczuć i wrażeń. Niektórzy mogliby powiedzieć: „Czuję odrętwienie. Nic tam nie ma". W takim wypadku chcę, żebyś dostrzegł jedynie, czym jest to odrętwienie, i został z nim i innymi obecnymi uczuciami.

Zrób krok w kierunku twojego przedmiotu. Tylko jeden krok. Zatrzymaj się. Dostrzeż, co dzieje się w twoim ciele. Dostrzeż myśli i uczucia. Uczucia będą się różnić od myśli i od wrażeń takich jak łaskotanie, ciepło, drżenie czy bicie serca – podstawowych elementów, z których składają się wrażenia cielesne.

Zastanów się, czy tym wrażeniom towarzyszą jakieś uczucia, albo sprawdź, czy możesz pozostać z samym wrażeniem. Być może będzie mu towarzyszyć wiele myśli.

Następnie zrób kolejny krok w kierunku przedmiotu. Znów tylko zauważaj; niczego nie można tu zrobić „dobrze" ani „źle". Po prostu dostrzeż swoje doświadczenie.

Jeśli masz dużo uczuć lub wrażeń, sprawdź, czy możesz skupić uwagę na jednym konkretnym. Przenieś uwagę na jeden przedmiot, cokolwiek to jest, pozwalając myślom i uczuciom przeminąć i koncentrując się tylko na tym jednym wrażeniu.

Jeśli przychodzi ci do głowy dużo myśli takich jak: „To naprawdę głupie", „To nie działa", „Po co ja to robię?", „Nic mi się nigdy nie udaje…" – **przyjmij je wszystkie**. Nie staraj się ich oceniać. Tylko je zauważ. Pozwól im pozostać takimi, jakimi są, i sprawdź, czy jesteś w stanie zauważyć, ile myśli przebiega ci przez głowę w jednej sekundzie.

Następnie zrób kolejny mały krok. Sprawdź, czy są w tobie jakieś uczucia. Wpuść w nie powietrze i zauważ, co się pojawia w czasie chodzonej medytacji.

Być może zauważysz, że im bardziej spowalniasz daną chwilę, robiąc jeden krok po drugim, tym bardziej stajesz się świadom różnych doświadczeń.

Pozostań w ciele i sprawdź, jakie są w nim myśli, uczucia i wrażenia cielesne.

Sprawdzanie wyników ćwiczenia

Co zauważyłeś? Jeśli nic nie poczułeś, jakie doświadczenie towarzyszy tej nicości? Nawet obojętność można zdekodować i zrozumieć. Często mówimy: „Nic nie czuję". Czy to myśl? Czy towarzyszą jej jakieś uczucia? Co dzieje się z twoim ciałem, kiedy mówisz: „Nic nie czuję"?

- Czy dotyczy to całego ciała?

- Czy na pewno żadna część twojego ciała nic nie czuje?

- Czy czujesz coś w swoim małym palcu u stopy? Co się stanie, kiedy dotkniesz jednym palcem drugiego?

- Jakie wrażenie cielesne towarzyszy odrętwieniu? Możemy wchodzić w to doświadczenie coraz głębiej.

W zasadzie nie ma znaczenia, jaki wybrałeś przedmiot. Używasz go, żeby przebudzić swoje wewnętrzne doświadczenie. Chcesz sprawdzić, jakie myśli pojawiają się w reakcji na ten przedmiot. Chcesz skupić się na tym, jakich doświadczasz myśli/uczuć/wrażeń... a następnie spowolnić doświadczenie jeszcze bardziej, żeby przyjrzeć się wrażeniom w ciele.

Przykład pierwszy

Marian: *To durny stojak na okulary.*
Deirdre: *Czy towarzyszy ci jakaś myśl?*
Marian: *Tak, że to głupie.*
Deirdre: *Czy są też w tobie jakieś uczucia?*
Marian: *Cóż, mam pewną myśl. Oceniającą myśl. Jestem w tym dobra (śmieje się). A kiedy naprawdę zaczęłam badać, co się we mnie dzieje... Myślę, że jest we mnie lęk... No więc patrzyłam na ten przedmiot, który mi się podoba i z którym mam dobre skojarzenia, ale tak naprawdę w środku nic nie czułam; potem zauważyłam, że jestem pełna niepokoju i serce biło mi mocno, podeszło mi do gardła, trzepotało mi w piersi i coś... przyszły mi do głowy słowa: „Całkiem sama". Więc patrzyłam na ten przedmiot, ale zauważyłam... Myślę, że to był po prostu lęk.*
Zapytałam, czy chce się temu przyjrzeć bliżej, na co Marian była otwarta.
Deirdre: *Co się w tobie dzieje, kiedy patrzysz na ten przedmiot z pełną uwagą? (Słowo „durny" było dla mnie jasną wskazówką, że coś się w niej dzieje!). Co widzisz?*
Marian: *Kolory.*
Deirdre: *Czy któryś z nich szczególnie cię przyciąga?*

Marian: *Fioletowy.*

Deirdre: *Skup się na fioletowym kolorze. Co dzieje się z twoim ciałem?*

Marian: *Trochę lepiej mi się oddycha. Jest we mnie więcej przestrzeni. Jestem teraz świadoma mojego oddechu. Czuję, że się uspokajam.*

Przykład drugi

Alex: *Z początku nic nie zauważałem. Nie wiedziałem, czy mam jakieś myśli, uczucia czy wrażenia. Odsunąłem się więc o krok od stołu. Kiedy się oddalałem, poczułem niepokój i spróbowałem zatrzymać się na tym uczuciu. Z początku wydało mi się to dziwne, bo tylko oddalałem się od krzesła. Zdałem sobie sprawę, że się martwię, a potem pomyślałem: „Och, to zabawa!". Wtedy poczułem ekscytację, bo uwielbiam się bawić.*

Deirdre: *To ciekawe, Alex, że pomyślałeś, że to zabawa i że przez to skojarzenie poczułeś ekscytację...*

Alex: *Tak, to była naprawdę wyraźna zmiana.*

Deirdre: *To bardzo dobry przykład tego, jak nasze myśli lub sposób, w jaki postrzegamy życie, wpływają na nasze doświadczenie. Wypełniamy życiowe doświadczenia dobrymi i złymi skojarzeniami. „Och, to zabawa!": a więc mogę być podekscytowany. Jeśli znajduję się blisko mojego bezpiecznego miejsca, być może to dlatego, że nie sądziłem, że życie jest groźne i muszę szukać schronienia. Kiedy po prostu staniesz obok stołu i go dotkniesz czy też pozwolisz swojemu ciału go dotknąć, być może poczujesz gładkie drewno, prawda?*

Alex: *Mhm (tak).*

Deirdre: *Co zauważasz, dotykając stołu?*

Alex: *Jest solidny. Bardzo, bardzo mi się to podoba.*

Deirdre: *Właśnie. Co się dzieje z twoim ciałem, kiedy czujesz solidność stołu?*

Alex: *Czuję silne ugruntowanie, jakbym był drzewem z korzeniami.*

Deirdre: *W jaki sposób twoje ciało doświadcza tej solidności?*

Alex: *Hmm. Nie wiem, czy umiem to wyrazić słowami... Pomyślmy. Jakbym miał rdzeń? Czuję, że mój kręgosłup jest połączony z nogami... To bardzo przyjemne, jakbym nie mógł się przewrócić.*

Przykład trzeci

Ann: *Byłam świadoma wielu wrażeń w moim ciele. Nie czułam jednak żadnej emocji. Odbierałam różne wrażenia z różnych punktów ciała, więc postanowiłam skupić się na jednym. Czułam mocny ucisk w górnej części brzucha, więc przeniosłam tam uwagę i zaczęłam czuć skurcze. Wtedy doszło do mnie, że to miejsce nie chce się otworzyć.*

Deirdre: *To znaczy, że skupiłaś się na wrażeniu, po czym odebrałaś jego przekaz. Jak rozumiem, pojawiła się myśl, że coś w tobie nie chce się otworzyć?*

Ann: *Tak. Że mięsień, na którym się skupiam, nie chce się otworzyć.*

Deirdre: *Co się dzieje, kiedy słuchasz tego przekazu i ufasz mu?*

Ann: *Czuję się wtedy dobrze. Jakbym była w zgodzie ze sobą. Jakbym mogła sobie zaufać.*

Deirdre: *Takie wiadomości z ciała prowadzą nas i pomagają zwolnić. Nawet jeśli podążałaś w jakimś kierunku, być może na postrzegalnym zmysłowo poziomie odebrałaś przekaz: „Nie, nie chcę zrobić kolejnego kroku". Wsłuchując się w niego, czymkolwiek był ten ucisk, odkryłaś swoje własne tempo, które pozwala ci zestroić się z samą sobą.*

Przykład czwarty

Claudia: *Będę całkiem szczera. Kiedy pierwszy raz spojrzałam na mój przedmiot – zasłonę okienną – pomyślałam: „To idiotyzm. To mi nie pomoże. To mi nie pomoże" (śmieje się). Stojąc tam, zanim jeszcze zrobiłam pierwszy krok, zauważyłam, że jest we mnie mnóstwo osądów. „To kolejna rzecz, która w niczym mi nie pomoże. Mnie się nie da pomóc. Nie jestem w stanie sobie z tym poradzić. Nie jestem dość dobra". I tak dalej, i tym podobne.*

Przyjrzałam się swojemu wahaniu, czy podejść do zasłony. Zatrzymałam się i zadałam sobie pytanie: „O co w tym chodzi?". Przyjrzałam się temu, swojemu ciału, i tak dalej. A potem pomyślałam, że chciałabym, żeby równie łatwo było mi żyć z moimi lękami. Było to o tyle ciekawe, że im bliżej podchodziłam, tym trudniej było mi spojrzeć na zasłonę, a to totalnie mnie zaskoczyło (śmieje się).

Deirdre: *A co się potem stało z twoim ciałem? Myślałaś sobie, jakie to wszystko głupie, a potem zaczęłaś zauważać, co dzieje się na zewnątrz ciebie? Jaki wpływ miało to na twoje ciało?*

Claudia: *Zdaje się, że wpadłam... jak to powiedzieć? Nie tyle wpadłam w panikę, co po prostu chciałam się wyłączyć. Chciałam uciec. Zamknąć się w sobie. Ale nie tyle ze strachu,*

co dlatego, że, mówiąc szczerze, myślałam sobie: „Nie ma co
zwracać uwagi na te uczucia, bo to przecież i tak nie zadziała"
(śmieje się).

Deirdre: Bardzo mi się to podoba. To, co nam przedstawiasz,
Claudio, dowodzi, że im bardziej jesteśmy w naszym doświadczeniu uczciwi i szczerzy, tym więcej się nauczymy.

Claudia: Ja po prostu... no tak. Chciałam się wyłączyć.

Deirdre: W porządku. W porządku. Tak właśnie robimy. Widzimy
zasłony, które źle nam się kojarzą i w konsekwencji chcemy
„wyłączyć" nasze ciała. Ale gdybyś się przyjrzała: jaki zasłona
ma kolor? Jaki ma kształt? Jeśli zobaczysz ją taką, jaką jest,
bez skojarzeń, twoje ciało będzie się mogło trochę rozluźnić,
bo to przecież tylko kolor lub kształt.

Claudia: Mogę zadać ci jedno szybkie pytanie, zanim ruszymy
dalej?

Deirdre: Pewnie.

Claudia: Jak to zrobić, kiedy coś wydaje się dla nas zbyt wielkie?
Kiedy doświadczenie mówi nam: „To zdecydowanie zbyt wiele
i po prostu umrę ze strachu" czy coś w tym stylu. Co zrobić,
kiedy nie skupiasz się na jednym konkretnym przedmiocie,
ale na czymś, co wydaje się zbyt wielkie? Czy to, o co pytam,
w ogóle ma sens?

Deirdre: Trzeba zacząć od czegoś małego. Możesz zacząć od zasłony albo innego neutralnego przedmiotu i dostrzec je w danej
chwili. Im więcej się w tych krótkich chwilach dowiesz, tym
więcej będziesz miała za sobą praktyki, kiedy wydarzy się coś
dużego.

Claudia: Ale czy zaczynasz dostrzegać to, czego się boisz, czy tylko
rzeczy wokół siebie... jak w praktyce uważności?

Deirdre: *Zaczęłabym od uważności. To, czego się boimy, ma wielką moc. Łatwo wpaść w negatywną spiralę. Trudno nie stracić gruntu pod nogami, kiedy się boimy. Badania nad mózgiem wykazały, że istnieje więcej sieci nerwowych wyruszających z rdzenia przedłużonego do mózgu, z naszego układu limbicznego do kory przedczołowej, niż tych, które z naszego płata czołowego wyruszają ku naszemu ciału, naszemu układowi limbicznemu. Kiedy więc zostajemy „aktywowani", fala informacji zalewa nasz płat czołowy, przez co trudniej nam się uspokoić. Kiedy czujemy się przytłoczeni, ciało potrzebuje więcej czasu, żeby zwolnić. To dlatego, że w naszym ciele naprawdę nie mamy dość sieci docierających do ciała z płata czołowego.*

REFLEKSJA NAD WEWNĘTRZNYM PRZEPŁYWEM INFORMACJI

Zastanów się i odpowiedz na poniższe pytania.

Określenia uczuć to słowa, których używamy, by opisać zlepki doświadczenia; zazwyczaj opisują nasz stan. Słowa takie jak „radosny", „smutny", „wściekły", „rozłączony", „znudzony", „ożywiony", „zaskoczony" i „przestraszony" dadzą się powiązać z konkretnymi wrażeniami w ciele. Nawet tego nie zauważając, kiedy mówimy, że coś „czujemy", w zasadzie omijamy większość doświadczenia. Zamiast zastanowić się czy zadać sobie pytanie, skąd wiemy, że coś czujemy, wyciągamy pospieszne wnioski. Kiedy, na przykład, mówisz, że czujesz się „onieśmielony", skąd to wiesz? W jaki sposób twoje ciało przekazało ci tę wiadomość?

_____

_____

_____

_____

_____

Określenia wrażeń to te, które opisują fizyczne doświadczenia, będące podstawą dla uczuć. Jeśli, na przykład, czuję się zirytowana, zauważam, że moje mięśnie się napinają – być może brzuch, klatka piersiowa lub szczęka. Być może pojawiają się też inne wrażenia, na przykład ciepło lub chłód. Zastanów się, jak dużą część swojego zmysłowego doświadczenia jesteś w stanie opisać. Poszukaj też nowych słów na opisanie różnych wrażeń.

_____

_____

_____

_____

Jak się teraz czujesz? Radosny, pewny siebie, wyluzowany, zadowolony, szczęśliwy, ucieszony, pusty, osamotniony, znudzony, zrezygnowany, apatyczny, zły, zirytowany, wkurzony, wstrząśnięty, urażony, zakręcony, przestraszony, onieśmielony, zaskoczony, niespokojny, napięty... albo coś innego?

_____

_____

_____

_____

_____

Zadaj sobie pytanie, w jaki sposób twoje ciało/umysł daje ci znać, czego doświadczasz. Jakie informacje zmysłowe skłaniają cię do powiedzenia: „Och, czuję się…"

_____

_____

_____

_____

_____

Gdzie każde z wrażeń jest umiejscowione w twoim ciele? Spróbuj to wyjaśnić. Postaraj się mówić prosto i konkretnie (np. „Jest w moim ramieniu, brzuchu, klatce piersiowej, na twarzy").

_____

_____

_____

_____

Postaraj się rozróżniać wrażenia. Jakich słów użyjesz, żeby opisać, co się dzieje? Wybierz słowa z poniższej listy albo dodaj do niej własne: łaskotanie, ciepło, zimno, gorąco, napięcie, obojętność, drżenie, odrętwienie, roztrzęsienie, dreszcz, wilgoć, przeciążenie, rozwibrowanie, szorstkość…

_____

_____

_____

_____

_____

Umiejętność 4

ODDZIELANIE FAKTÓW OD UCZUĆ

Cele

- Oddzielenie stanu faktycznego od twoich nawykowych interpretacji;

- Dostrzeganie i mapowanie wewnętrznej przestrzeni, stawienie czoła „rzeczywistościom", w których ludzie są skłonni żyć, i odkrywanie, czy istnieją rzeczywiste dowody na potwierdzenie tych interpretacji;

- Dostrzeżenie, że nawykowe poczucie siebie i właściwe „ja"/ potencjalne „ja" mogą się różnić;

- Celem mocno pobudzonych klientów jest spokój, tych obojętnych zaś – doświadczenie bardziej skupionej energii.

Ludzie mający za sobą traumatyczne zdarzenia często przeżywają to, co nazywamy „dwufazową reakcją na traumę". Pat Ogden, założycielka Sensimotor Psychotherapy Institute, w którym terapeuci uczą się, jak przepracowywać aktywację traumatyczną poprzez ciało, w piękny sposób wizualizuje i opisuje reakcję na wyzwalacz. Kiedy „znosimy" nasze doświadczenie, znajdujemy się w naszym „oknie tolerancji". Kiedy znajdujemy się poza naszą zdolnością tolerowania go, jesteśmy albo hipopobudzeni (obojętni, zamknięci w sobie, odrętwiali, jak za mgłą) albo hiperpobudzeni (niespokojni, przestraszeni, przytłoczeni) (Ogden, 2006). Naszym zadaniem jest zwiększenie naszej umiejętności bycia z tym, co przynosi życie, poszerzenie naszego okna tolerancji. Kiedy znajdujemy się w oknie tolerancji, potrafimy radzić sobie z życiem.

Oto technologiczna metafora, która pomoże ci to zrozumieć. Kiedy w latach dziewięćdziesiątych internet stał się powszechnie dostępny, musiałam używać modemu telefonicznego, żeby uzyskać dostęp do mojego konta na Compuserve. Klikałam przycisk „Masz wiadomość" i czekałam. I czekałam. Kilka maili ładowało się całą wieczność. Często wystarczało mi wtedy czasu, żeby zejść do kuchni, zrobić sobie herbatę i poczytać gazetę. Potem wracałam na górę i, przy odrobinie szczęścia, czekał na mnie mail czy dwa.

Myślicie, że przesadzam? Nie tak bardzo! Dzisiaj, dzięki gigabitowej prędkości ładowania, ludzie jednocześnie odbierają maile i streamują filmy w serwisach. I w zasadzie to chcemy zrobić: zwiększyć przepustowość naszego wewnętrznego świata wewnętrznego... nauczyć się poszerzać naszą zdolność integrowania informacji, tak by nasze życie było bogatsze i pełniejsze.

Każdy z nas ma inny poziom tolerancji doświadczeń poznawczych, emocjonalnych i zmysłowych. Im sprawniej je przyjmujemy, tym większe jest nasze okno tolerancji. Im mniej informacji umiemy bezpiecznie przyjąć, tym jest ono mniejsze. Oczywiście, kiedy bardziej się stresujemy, nasze zasoby się kurczą, a poziom tolerancji obniża.

Większość ocaleńców z traumy żyje poza tym oknem, co nie oznacza, że w ogóle go nie mają, ale że ich hipopobudzone i hiperpobudzone części są tak silne i tak naładowane emocjonalnie, że wymagają dużo uwagi. Kiedy wciąż jesteśmy hiperpobudzeni, przestymulowani lękiem i stresem, w pewnym momencie doznajemy wyczerpania. Chcąc sobie z tym jakoś poradzić, obojętniejemy albo rozpadamy się pod ciężarem bodźców. Gdy dopada nas przebodźcowanie, odłączamy się od rzeczywistości. To mechanizm adaptacyjny, który na dłuższą metę nie zapewnia jednak satysfakcjonującego życia.

Każdy z nas ma inne subiektywne okno tolerancji. Warto znać swój punkt startowy, żeby móc śledzić, jak z czasem i dzięki praktyce się ono powiększa.

Jak wiele osób przed tobą uznasz być może, że przebywanie w nim bywa nudne – jakby nic się nie działo. Pomyślmy o tym chwilę. Kiedy nasze ciała są przyzwyczajone do hiperpobudzenia, a potem przechodzą do stanu zamknięcia (hipopobudzenia), żeby poradzić sobie z bodźcami – przyzwyczajamy je do sinusoidy. Kiedy wyjdziemy z tego cyklu, poczujemy się zupełnie inaczej. Przypominam moim klientom, że nuda bywa dobra. Jest dobra dla ciała, które może się wtedy przekalibrować, zrelaksować, odpocząć i odzyskać siły.

Pamiętając, jak ważne jest poznanie własnych wewnętrznych reakcji, zatrzymaj się i zauważ:

Czy jesteś hiperpobudzony, niespokojny? Czy może przebodźcowany?

A może czujesz się raczej hipopobudzony? Czujesz zobojętnienie? Odrętwienie? Rozłączenie? Depresję?

Spróbujmy to uporządkować. Hiperpobudzenie skłania wielu z nas do używania substancji uzależniających lub podejmowania aktywności, które mają pomóc w zarządzaniu tym stanem, często w sposób kompulsywny. Takie osoby za dużo trenują, przejadają się, za dużo piją, zażywają zbyt wiele leków lub narkotyków. Czasami uwalniają energię także poprzez seks czy pornografię.

Życie bywa tak przytłaczające, że nie wiemy, co zrobić, i czasem załamujemy się lub zamykamy w sobie. Zatrzymujemy się. Wpadamy w odrętwienie. W takich chwilach nie chce nam się wstać z łóżka. Pragniemy zostać w bezpiecznym miejscu – hibernować z dala od innych ludzi.

Myślę o Lenie, który opowiadał świetne historie. Jego problemem było ciągłe zamartwianie się wszystkim. Kiedy zastanawialiśmy się, w jakim miejscu swojego okna tolerancji się znajduje, zrozumiał, że zamartwianie się jest dla niego sposobem budzenia uczuć. Stało się dla niego jasne, że kiedy czuje się odrętwiały i zamknięty w sobie, jego nawykowy schemat zachowania każe mu zacząć się martwić. Przyjrzał się temu bliżej i doznał „objawienia". Zdał sobie sprawę, że zamartwianie się jest dla niego sposobem na ucieczkę od zobojętnienia. Energia, którą generowało, wyrywała go z depresji.

Saralee, jedna z moich klientek, powiedziała: „Zauważam u siebie niefortunny mechanizm, którego używam, żeby zagłuszyć lęk, a który powoduje zobojętnienie. Innymi słowy, kiedy jestem niespokojna, mam ochotę na jedzenie, cukier, przekąski. Jem, póki nie wpędzę się w ten sposób w odrętwienie. Zdałam sobie wreszcie sprawę, że zamieniłam lęk na cielesne wrażenie przepełnienia, wzdęcia, no wiesz, że czasem mechanizm uspokajania nadmiernego pobudzenia prowadzi bezpośrednio do odrętwienia. Staram się odgrodzić od stresu, ale w konsekwencji czuję się źle fizycznie i wściekam się na siebie, że znowu to zrobiłam".

Saralee zdała sobie sprawę, że jej poziom niepokoju jest tak wysoki i że czuje takie napięcie, iż trudno jej znaleźć równowagę. Wiele osób ląduje po przeciwnej stronie i wpada w zobojętnienie. Kiedy przeprowadziłam Saralee przez medytację, przyszła jej do głowy kolejna obserwacja: „Na początku tej medytacji zdałam sobie sprawę, że… dla mnie… pamiętasz, kiedy poprosiłaś mnie o skupienie się na wrażeniu cielesnym? Z dzieciństwa wyniosłam przekonanie, że choroba daje bezpieczeństwo. Że wtedy jestem „chroniona". Moja mama opiekowała się mną, kiedy byłam chora, ale nie wyobrażała sobie interweniowania wobec przemocy, której byłam poddawana. Myślę więc, że zaczęłam sublimować niepokój, lęk, strach, wszystkie uczucia, których źródłem był związek kazirodczy, i przeobraziłam je we wrażenie cielesne, bo to znajdowało się w bezpiecznych granicach. W ten sposób doprowadziłam do dysocjacji, żeby poradzić sobie z przemocą".

Kiedy nawiązujemy kontakt z naszym wewnętrznym doświadczeniem, odkrywamy, że pozytywne uczucia i doświadczenia także mogą działać jak wyzwalacze. Kiedy, na przykład, Nancy poznała swojego męża, przy którym poczuła się bardzo bezpiecznie, ogarnęły ją gwałtowne emocje. Nancy była tego świadoma: „Byłam w kiepskim stanie przez wiele, wiele lat, zdiagnozowano u mnie traumę, a moim wyzwalaczem okazało się poznanie mojego męża. Powiedziałam mu, że czuję się przy nim bardzo bezpiecznie, bo po raz pierwszy mogę być sobą. Nie wiedziałam wtedy, co w ogóle mówię, ale to wystarczyło, żebym upadła bardzo, bardzo nisko. Totalnie zamknęłam się w sobie. Nie mogłam znieść światła. Nie mogłam znieść hałasu. Nie byłam w stanie mówić. Przez dwa lata nie wstawałam z łóżka. Znalazłam się na dnie. Teraz widzę, że to była część mnie, sygnał, który pozwolił mi zauważyć, że albo robię zbyt wiele, albo nie zwracam uwagi na to, co się we mnie dzieje. Ledwie jednak czuję, że nadchodzi jeden z tych dni, wykorzystuję go, żeby usiąść, zestroić się ze sobą i sprawdzić, co się dzieje. Teraz jestem więc za to wdzięczna".

Wyzwalaczem może być wszystko, co wytrąca nas z naszej strefy komfortu. To normalne. Strefa ta, której przyjrzymy się w kolejnym rozdziale, nie jest bezpieczna i wygodna bez przyczyny. Kiedy wykraczamy poza to, co znamy, ciało wysyła nam sygnały alarmowe. Nasze zadanie polega na tym, żeby zatrzymać się i je zauważyć. Czy znajdujemy się na krawędzi naszego okna tolerancji… czy może daleko poza nim?

Stworzyłam umiejętność opisaną w tym rozdziale, żeby pomóc ci w łagodny sposób wyjść ze strefy komfortu. Zanim do tego dojdziemy, poświęćmy jeszcze chwilę na refleksję.

REFLEKSJA NAD UZNANIEM SWOICH UCZUĆ

Zatrzymaj się na chwilę i napisz kilka słów.

W jaki sposób uspokajasz się, kiedy jesteś hiperpobudzony?

_____

_____

_____

_____

Zapewne wypracowałeś sobie sposoby uspokajania się, które są dla ciebie dobre, ale też – jak wielu z nas – takie, które nie są szczególnie zdrowe. Zastanów się chwilę, kiedy ostatnio byłeś przestymulowany. W jaki sposób się uspokoiłeś?

_____

_____

_____

_____

Co robisz, żeby dodać sobie energii, kiedy ci jej brak? (Być może sięgasz po kofeinę, czekoladę czy inne stymulanty?). Zastanów się nad chwilami, w których czułeś odrętwienie, paraliż wewnętrzny czy bezsilność. Wszyscy mamy nawykowe sposoby radzenia sobie z nimi. Jaki jest twój?

_____

_____

_____

_____

_____

• • • •

Podczas pracy z twoim oknem tolerancji postaramy się znaleźć drogę ku jego krawędzi, ale nie przekroczymy jej, abyś nie był zmuszony do gwałtownego ruchu w przeciwną stronę w celu odzyskania równowagi. Pracując na krawędzi, możemy łagodnie otwierać się i poszerzać granice, tak żeby z czasem poziom naszej tolerancji nieco się zwiększył.

Jedną z najprostszych umiejętności wprowadzamy w życie, kiedy oddzielamy fakty od uczuć i interpretacji. To ona pozwala nam uporządkować nasz wewnętrzny chaos.

Oto kolejny krok na rozpoczętej już przez ciebie drodze. Kiedy nauczysz się rozróżniać wrażenia, uczucia i myśli, możesz dalej badać różnicę między tym, co się dzieje, a tym, co postrzegasz; tym, co jest teraźniejszością, a tym, co należy do przeszłości.

Koncepcję tę, przydatną w tworzeniu wewnętrznej przestrzeni, poznałam podczas stażu u doktor Yvonne Agazarian w ramach jej modelu terapii opartej na systemach. Zaadaptowałam ją, by pomóc klientom w deeskalacji ich wewnętrznego doświadczenia w chwilach gwałtownych emocji. Pomaga ona oddzielić teraźniejszą rzeczywistość od tej, którą sami sobie narzucamy.

ĆWICZENIE: FAKTY, UCZUCIA I INTERPRETACJE

Do tego ćwiczenia potrzebne ci będą długopis lub ołówek i kartka. Łatwiej wykonać je na papierze niż na ekranie komputera, ale jeśli masz tablet do rysowania, możesz go wypróbować. Skorzystaj z czegoś, po czym możesz bazgrać. Pamiętaj, że nie chodzi o stworzenie dopracowanego dzieła; mamy po prostu się bawić.

Daję ci stuprocentowe przyzwolenie, żeby nie próbować robić tego „dobrze". Co myślisz o takiej instrukcji postępowania? Nasza tendencja do tego, żeby starać się wszystko robić „dobrze", a nie „źle", jest tak silna, że utrudnia nam naukę. Na przestrzeni lat, kiedy wykonywałam z klientami to ćwiczenie, odkryłam, że gdy najpierw zastanawiamy się, jak je wykonać, gubimy całą radość i spontaniczność. Znacznie łatwiej dowiedzieć się czegoś o sobie, kiedy nie przygotowujemy się do tego ćwiczenia i nie usiłujemy wykonać go poprawnie.

Oto, co zrobimy. Chcę, żebyś pomyślał o czymś, co niedawno aktywowało cię w średnim stopniu. Mam tu na myśli piątkę na skali od zera do dziesięciu, ewentualnie czwórkę czy szóstkę. Wybierz wspomnienie-wyzwalacz, które cię pobudza, ale nie przytłacza. Balansowanie na krawędzi działa, kiedy nie spada się poza nią. To nie czas na pracę z trudnymi wyzwalaczami, zejście do najgłębszej jaskini czy atak paniki. Najważniejsze, żeby to wspomnienie budziło w tobie emocje, ale żebyś był w stanie się mu przyglądać, nie wpadając w spiralę negatywnych uczuć. Wyobraź sobie, że siedzisz na skraju swojego okna tolerancji, ale nie wyglądasz daleko poza nie.

Krok 1. Opisz przebieg doświadczenia. Zanotuj wszystko, co się wydarzyło, jakbyś opowiadał o tym najlepszemu przyjacielowi: z wyczerpującym komentarzem, wszystkimi uczuciami, myślami, opiniami i doświadczeniami. Zapisz wszystko, nie starając się, by brzmiało „dobrze". Możesz włączyć muzykę, jeśli to pomoże ci nawiązać kontakt ze sobą.

Oto przykład: Jeśli opisujesz sytuację, w której czułeś wściekłość, zapisz całą historię. Jeśli byłeś tak wściekły, że zacząłeś się jąkać, zanotuj to. Jeśli czułeś się głupio i powtarzałeś to samo sto razy, to także zapisz. Nie porządkuj historii. Nikt jej nie zobaczy! Robisz to tylko dla siebie. Chcę, żebyś zanotował wszystko, co się wydarzyło, w pełnej chwale.

Spróbuj dostrzec swoje próby porządkowania, redagowania czy cenzurowania tej opowieści. Daj sobie pełne przyzwolenie, żeby zapisać wszystko tak, jak się wydarzyło. Nauczysz się więcej, jeśli będziesz maksymalnie autentyczny. W porządku? OK.

Krok 2. Chcę, żebyś przez chwilę obserwował swoje doświadczenie. Jak czuje się twoje ciało? Zanotuj to. Jakie cielesne wrażenia ci towarzyszą? Zanotuj, żeby je zapamiętać. Co się dzieje z twoim ciałem, kiedy zapisujesz pełne spektrum swojego doświadczenia?

Jakie myśli przychodzą ci do głowy? Jakie masz w sobie uczucia? Zastanów się, o co chodzi.

Zastanów się nad swoim oknem tolerancji: Jesteś w jego obrębie czy poza nim? Czy czujesz się znośnie? Czy jesteś blisko krawędzi? Czy czujesz odrętwienie i pustkę? Jeśli znajdujesz się daleko poza swoim oknem tolerancji i nie dajesz rady kontynuować ćwiczenia, być może musisz wybrać mniej aktywizujące wspomnienie.

Krok 3. Gotowy na następny krok? Chcę, żebyś przeczytał swoją historię. Czytając, zaznaczaj kółkami wszystkie **fakty**. Na potrzeby tego ćwiczenia słowo to oznaczać będzie tylko to, co da się zaobserwować, a nie myśli i uczucia na jego temat (przeczytaj kroki 4 i 5, jeśli nie masz pewności co do tego, czym jest „fakt").

Kiedy zidentyfikujesz fakty, następnym krokiem będzie podkreślenie uczuć i interpretacji. Proste, prawda? Zaznacz kółkami fakty, podkreśl uczucia i interpretacje.

Krok 4. Teraz przeczytaj tylko zaznaczone fakty. Oto krótka podpowiedź: „Fakty wyglądają tak… (odczytaj tylko zaznaczone kółkiem słowa)". Zrób to jakieś pięć razy. Następnie zauważ, co dzieje się z twoim ciałem. Czego doświadczasz, kiedy po prostu odczytujesz te słowa bez żadnego komentarza?

Być może zauważysz, że jesteśmy bardzo sprytni! Trudno jest nam być z „nagim" doświadczeniem. Pamiętaj, co powiedzieliśmy sobie o uważności i czystych doświadczeniach. Jesteśmy tak bardzo przyzwyczajeni do silnie naładowanych cielesnych wrażeń, że nawet tego nie zauważając, napełniamy neutralne fakty znaczeniem. Na przykład Bill, wykonując to ćwiczenie, uznał, że fraza „byłem wściekły" to „fakt". Zastanówmy się nad tym wspólnie. Owszem, doświadczał złości – w tym sensie był to fakt. Ale nam potrzebne są *nagie* fakty, które dają się zaobserwować, a nie związane z nimi interpretacje i uczucia. W przypadku Billa faktem była wizyta u dentysty, który się spóźniał. Billowi się spieszyło, ponieważ wcisnął tę wizytę w swój plan dnia przed odebraniem dziecka ze szkoły. Czekał i czekał, więc coraz bardziej się niepokoił.

Zauważ, co dzieje się z twoim ciałem, kiedy to czytasz. Czy dostrzegasz choćby delikatny ładunek emocjonalny? Kiedy wspólnie z Billem przepracowywaliśmy ten problem, czułam narastający niepokój we własnym ciele. Zastanawialiśmy się, co by się stało, gdybyśmy jeszcze bardziej odarli fakty ze znaczeń? Powtórzyłam je: „Miałeś umówioną wizytę u dentysty. Dentysta się spóźniał. Musiałeś odebrać dziecko ze szkoły". Bill pokiwał głową. To były fakty. Kiedy już kilkakrotnie je powtórzyłam, spytałam: „Co teraz dzieje się w twoim ciele?". Roześmiał się. Działo się niewiele. Proste, nagie fakty okazały się nudne. Nie było w nich żadnego ładunku emocjonalnego – co nie unieważnia wywołanych przez nie.

Krok 5. Kiedy już odczytasz fakty, dodaj następujące zdanie: „Moje uczucia na temat tych faktów to…" i odczytaj słowa, które podkreśliłeś. Zrób to kilkakrotnie i dostrzeż, co dzieje się w twoim ciele.

Robin zauważyła, że kiedy oddziela od siebie fakty i uczucia, jej umysł i ciało zwalniają, a napięcie się zmniejsza. Stwierdziła, że łatwiej jej się oddycha i jaśniej myśli. „Kiedy odczytałam same fakty, czułam się dobrze. Kiedy dodałam uczucia, znowu zaktywizowały się moje emocje. Znacznie lepiej widzę teraz, jak bardzo przekształcam to, co się wydarza!".

Missy była tak zaskoczona swoimi odkryciami, że aż się roześmiała. „Byłam zszokowana, jak silne były moje reakcje na coś, co nie musiało wcale stanowić problemu – jedynie rozpraszało moją uwagę. Moje interpretacje nadały temu osobistą perspektywę, a ja niepotrzebnie się wściekłam. To ćwiczenie naprawdę mi pomogło".

Mówiąc najprościej...

- Fakty to obserwowalne dane, które odbieramy zmysłami – kolory, kształty, dźwięki, zachowania, smaki, konkretne obserwowalne wydarzenia, wypowiedziane słowa, ruchy ciała itd.

- Uczucia często wynikają z podświadomego wewnętrznego komentarza o faktach lub są ich zniekształceniem. Mogą wzbogacać lub ożywiać fakty w danej sytuacji. Mogą również wypaczyć prawdę, nieproporcjonalnie ją pomniejszając lub wyolbrzymiając czy też po prostu ją przekształcając (na podstawie przeszłości).

- Jeśli ktoś ma za sobą historię traumy, uczucia – nawet te dobre – szybko mogą go wyciągnąć poza jego okno tolerancji. Jego mózg może instynktownie aktywować traumatyczne reakcje.

Oto przykłady:

Sytuacja #1 (przygotowanie do poprowadzenia warsztatu BSE)

Fakty. Piszę plan zajęć na laptopie. Czuję, jak moje palce uderzają o klawisze. Obok komputera stoi lampka, której światło pada na wydrukowane wcześniej strony. Nie skończyłam jeszcze planować warsztatu. Widzę cyfry: zegar pokazuje mi godzinę. Bolą mnie plecy; czuję napięcie między łopatkami. Przychodzi mi do głowy myśl, że zazwyczaj o tej porze chodzę spać.

Uczucia/interpretacje. Jestem podekscytowana myślą o tym, kto przyjdzie na warsztat. Pamiętam klientów, którym moje

materiały bardzo pomogły. Moje serce otwiera się i czuję satys-
fakcję. Trochę się martwię, czy skończę na czas, bo powinnam
pójść spać. Nie chcę być jutro zmęczona. Czuję zniecierpliwienie
po długim dniu.

Gdybym miała pozostać z samymi uczuciami/interpretacja-
mi, mogłabym zacząć się martwić i nakładać na siebie presję,
żeby ze wszystkim zdążyć. Kiedy jednak pozostaję z faktami,
zmartwienia związane z porą dnia i zmęczeniem nie są dla
mnie aż tak trudne. Mogę skupić się na zadaniu, cieszyć się
wspomnieniem klientów, którzy skorzystali z moich materiałów,
i spokojnie doprowadzić pracę do końca.

Sytuacja #2 (praca z klientką)

Fakty. Klientka siedzi w moim gabinecie. Zza okna dobiega hałas. Klientka zauważa mężczyznę na zewnątrz. Jest zaskoczona
i nie potrafi z powrotem się rozluźnić. Wciąż zerka w stronę
okna i blokuje się.

Interwencja. Chcę się dowiedzieć, co się stało; najpierw pytam
o fakty. Jeśli jest zablokowana, sama zaczynam je wymieniać.
Gdy będzie gotowa, zrelacjonuje je.

Przytaczanie faktów. Moim klientom pomaga, kiedy przyta-
czam kolejne fakty. „Na zewnątrz dało się słyszeć głośny hałas.
W tym samym czasie zobaczyłaś przez okno mężczyznę".

Łagodnie, lecz stanowczo wymieniam wszystkie fakty tyle
razy, ile trzeba, aż klientka zaczyna kiwać głową, jej ciało się
rozluźnia, a spojrzenie staje się przytomne.

Uczucia/interpretacje. „Biorąc pod uwagę, że fakty te zaszły
poza twoim ciałem, twoja reakcja sugeruje, że w twoim ciele tak-

że coś się wydarzyło. (Klientka kiwa głową). Pojawiły się jakieś wrażenia. (Można w tym miejscu powtórzyć fakty, gdyby klientce zaczęły szklić się oczy lub gdyby zaczęła się spinać). Domyślam się, że poczułaś odrętwienie, napięcie, zesztywnienie. Czy to prawda? Czy mogłabyś nazwać inne wrażenia lub uczucia?".

Większość z nas przechodzi bezpośrednio do eskalacji uczuć (w oparciu o pamięciową interpretację tych wrażeń). „Bałam się. Wydawało mi się, że wydarzy się coś okropnego. Serce szybko waliło mi w piersi i wyobraziłam sobie, że ten mężczyzna wedrze się do gabinetu i mnie porwie".

Jeśli rozmowa o uczuciach jest twoim wyzwalaczem, przerwij ją i ponownie przyjrzyj się faktom. Powtarzaj je spokojnym, pewnym głosem, aż znów poczujesz ugruntowanie. Wtedy możesz przejść do ponownego nazywania wrażeń.

REFLEKSJA NAD ODRÓŻNIANIEM FAKTÓW OD UCZUĆ

Zapisz swoje myśli w odpowiedzi na poniższe pytania.

Czasem, kiedy jesteśmy wzburzeni lub przestymulowani, nie chcemy żyć w swoim ciele ani pozostawać w kontakcie z tym, co się dzieje. Czujemy się jak pośrodku tak gwałtownego huraganu, że nasze wewnętrzne doświadczenie to dla nas za dużo. Mówiąc najprościej, tracimy kontrolę.

Burza, która w nas wzbiera, kiedy wyzwalają się nasze emocje, zazwyczaj składa się z kilku elementów. Z każdym z nich z osobna najczęściej umiemy sobie poradzić, ale kiedy wiele czynników się łączy, z niczym nie dajemy sobie rady. Prostym sposobem na rozdzielenie elementów wewnętrznego chaosu jest organizacja wewnętrznego doświadczenia. Przypomnij sobie, co mówiliśmy o korzyściach z wykorzystania myśli dla zwiększenia naszej zdolności obserwacji. To doświadczenie ma pomóc ci w uporządkowaniu wewnętrznego zgiełku i wygenerowaniu kontekstu, który pomoże ci wykroczyć poza dawne ograniczenia. Kiedy już rozwiążesz wewnętrzne konflikty, łatwiej ci będzie zrobić kolejny krok. O tych krokach porozmawiamy w kolejnych rozdziałach.

Opowiedz raz jeszcze swoją historię: najpierw fakty, potem uczucia i interpretacje.

Fakty są następujące…

Jak się czujesz w związku z tymi faktami? Skieruj swoją świadomość ku temu, w jaki sposób fakty te na ciebie wpłynęły i zaobserwuj swoje nawykowe reakcje. Najprawdopodobniej wydarzy się jedna z dwóch rzeczy. Jeśli zazwyczaj uczucia cię przytłaczają, wykonywanie tego ćwiczenia przy jednoczesnym pamiętaniu o oddechu sprawi, że zdołasz ogarnąć to, co dzieje się w twoim wnętrzu i nazwać te uczucia/wrażenia. Jeśli z kolei masz tendencję do paraliżu, doświadczenie to pomoże twoim uczuciom pojawić się w bezpieczny sposób. Spójrzmy, co się wydarzy.

    Czuję… i To oznacza, że…

_____

_____

_____

_____

_____

Jeśli czujesz się przytłoczony, spróbuj po prostu powtarzać pewnym głosem fakty, aż poczujesz ugruntowanie. „Fakty są następujące…" i odetchnij. „Fakty są następujące…" i odetchnij. Unikaj myślenia o uczuciach (a także ubarwień wynikających z interpretacji). Za każdym razem, kiedy poczujesz, że chwytasz się emocji lub zaczynasz interpretować doświadczenie, wracaj do nazywania faktów. Potem powoli przejdź do refleksji nad wrażeniami.

Umiejętność 5

ZWROT DO ŻYWOTÓW RÓWNOLEGŁYCH

Cele

- Oddzielenie przeszłości od teraźniejszości;
- Odnajdywanie sposobów aktywnego radzenia sobie z wyzwalaczami;
- Przekazanie kontroli z powrotem do płatów czołowych mózgu, dzięki uświadomieniu sobie, kiedy odczuwane doświadczenie jest nieproporcjonalne w stosunku do tego, co się naprawdę dzieje.

Jednym z najbardziej bolesnych doświadczeń życiowych dla ocaleńców z traumy jest wyzwolenie gwałtownych emocji – przejście od życia w twoim ciele w chwili obecnej do poddania się nagłej fali strachu, przerażenia, odrętwienia czy paniki. To, co jeszcze chwilę wcześniej zdawało się stabilnym lądem, teraz wydaje się destrukcyjne. Może się wydawać, że znaleźliśmy się w innym życiu.

Poznając żywoty równoległe, zyskujemy kolejne narzędzie służące do badania i mapowania naszego wewnętrznego terytorium. Kiedy zaczynamy bezpiecznie eksplorować nasz emocjonalny krajobraz, rzadziej zaskakują nas prymitywne emocje z przeszłości. Kluczowe jest tu rozróżnienie między przeszłością a teraźniejszością.

Bariera dysocjacyjna

Umysł radzi sobie z przerażającymi doświadczeniami w sprytny sposób: dzieli się. Chowa je za barierą, tym samym oddalając się od tego, co go niszczy. Nazywamy to barierą dysocjacyjną. Ten mechanizm obronny albo łagodzi doświadczenie emocjonalne, sprawiając, że wydaje się ono bardziej odległe i mniej groźne, albo całkiem wypycha ze świadomości wszelkie wspomnienia na jego temat.

U wielu osób bariera ta staje się coraz bardziej przepuszczalna, a wyparty materiał stopniowo przez nią „przecieka" i przekształca się w objawy traumy. W niektórych przypadkach bariera ulega gwałtownemu zerwaniu, a dana osoba może być całkowicie nieświadoma tego, jak powstał ten wyłom. Wyjaśnia to, dlaczego ktoś pozornie radzi sobie dobrze, cieszy się życiem i nie wykazuje objawów traumy, a nagle zostaje zaatakowany przez wspomnienia, flashbacki, koszmary i nieprzyjemne wrażenia cielesne.

Praca z koncepcją żywotów równoległych pomaga odpowiedzieć na pytania:

1. Co dzieje się w tej chwili?

2. Jaki nieprzepracowany materiał z przeszłości się pokazuje?

Nieprzepracowany materiał i analiza wyzwalaczy

Najważniejsze jest to, że jeśli coś wydaje ci się niemożliwe do ogarnięcia i przytłaczające albo jeśli masz to ochotę wyprzeć, prawie na pewno w grę wchodzą nieprzepracowane doświadczenia. Używając modelu żywotów równoległych, ponownie osadzasz się w teraźniejszości i z ciekawością, w bezpieczny sposób badasz, jak wybuchają i wdzierają się w twoją teraźniejszość przeszłe doświadczenia. Kiedy tworzysz powiązanie z pierwotnym wyzwalaczem emocji, zaczynasz też rozumieć, co się dzieje w teraźniejszości. Twój układ nerwowy wydaje z siebie westchnienie ulgi.

Proces ten obejmuje naukę „krojenia" historii na cienkie plasterki, dzięki czemu zaczynamy rozumieć, co i kiedy wydarzyło się w przywoływanym doświadczeniu. Przeglądanie powtórki z doświadczenia klatka po klatce wewnątrz bezpiecznego okna tolerancji daje nam dostęp do myśli, uczuć i wrażeń cielesnych, które pojawiały się w danym momencie, i do wzajemnych relacji między nimi.

Jeśli doświadczenie wydaje się „za duże" w stosunku do obecnej sytuacji, stanowi to ważną wskazówkę. Nadal ucz się, jak spowalniać doświadczenie, żeby „zobaczyć", co się stało, odgrywając je klatka po klatce. Zacznij od rozgoszczenia się teraźniejszości. Daj sobie chwilę na oddech – poczuj swoje ciało w przestrzeni. Uznaj nagie fakty twojego obecnego doświadczenia: siedzisz, stoisz, idziesz? Co znajduje się wokół ciebie? Ponownie tylko dostrzeż: brązowe krzesło itd.

Kolejny krok to zapisanie lub przemyślenie tego, co się stało, i przypomnienie sobie wrażeń, myśli i uczuć.

Być może zajmie to sporo czasu, ale nie spiesz się. To ważne. Poszukujesz chwili, w której ciało się przekształca – z okna tolerancji przenosi się w stan przytłoczenia lub odrętwienia. To ten moment wymaga głębszego zbadania.

Pomocne może okazać się myślenie o kapsułach czasu jako o fragmentach pamięci. Dosłownie pokazują nam one mapę tego, jak przeżywaliśmy nasze życie. Automatyczne myśli takie jak „Ale to głupie", „Jak śmiem próbować sobie pomóc!", „Już nie raz próbowałem" są wskazówkami dotyczącymi minionych doświadczeń. Być może stanowią fragmenty zakodowanego doświadczenia, opisujące twoją strategię radzenia sobie w przerażającej sytuacji.

Te fragmenty pamięci wyrażają się poprzez myśli, uczucia, wrażenia cielesne i impulsy. Za pośrednictwem odczuwanego doświadczenia informują nas, w jaki sposób coś nas dotknęło. Często nie układają się w linearną historię, ale pokazują nasze wewnętrzne doświadczenie.

Kiedy przeszłość pozostaje w przeszłości, możemy przywołać to, co wyparliśmy, używając naszych wspomnień, żeby opowiedzieć daną historię. Korzystając z licencji naukowej, lubię opisywać te zakodowane wspomnienia jako wehikuły czasu wypełnione myślami, uczuciami i wspomnieniami. Znajdują się one w różnych częściach mózgu. Ja zaś odkryłam, że przykład wehikułów pozwala moim klientom lepiej zrozumieć całą koncepcję.

Kiedy życie jest dobre, żyjemy tu i teraz, i swobodnie płyniemy przed siebie. Kiedy znajdujemy się wewnątrz naszego okna tolerancji, łatwiej nam mierzyć się ze wzlotami i upadkami; bez trudu integrujemy całe nasze doświadczenie. Nasza bariera dysocjacyjna sprawia, że przeszłość zostaje w przeszłości. Dla wielu z nas to sposób na adaptację i, świadomie lub nieświadomie, jesteśmy w stanie włożyć wiele energii w to, żeby przeszłość pozostała w przeszłości. U niektórych z nas jednak barierę dysocjacyjną może naruszyć jakieś wydarzenie, takie jak narodziny dziecka, osiągnięcie pewnego wieku, zwolnienie z pracy, ślub itd. Kiedy tak się dzieje, a to, co wyparte, wdziera się w teraźniejszość, pojawiają się zakłócenia. Praktykowanie opisywanych technik pomoże ci w dekonstrukcji pojawiających się wyzwalaczy.

Niedawno odbyłam ze znajomymi podróż za ocean. Było wspaniale. Przeżyliśmy piękne przygody. Aż pewnego dnia jedna z moich towarzyszek sięgnęła po portfel. Nie było go. Miała w nim karty kredytowe, paszport, wszystko. Przerażona, zrozpaczona, rozpłakała się na ulicy. Jako że znamy się od wielu lat, przytuliłam ją i spokojnym, zdecydowanym głosem powiedziałam: „Zostań tu z nami. Nic złego się nie dzieje".

Widziałam bowiem, że w myślach wraca do przeszłości.

Była gdzie indziej, kiedy indziej – nie tutaj, z nami, w tym kraju. Pozostali protestowali: „Musi przecież wyrazić swoje emocje!". Ja wiedziałam jednak, że jedne emocje wynikają z tego, co dzieje się tu i teraz, a inne związane są z jej wspomnieniami, skojarzeniami i uczuciami z przeszłości. Wiedziałam, że jeśli zagłębi się w rozpacz, wyląduje w wehikule czasu i jeszcze mocniej wyryje w swoim układzie nerwowym szkodliwe schematy, czyniąc dawny sposób bycia jeszcze bardziej emocjonalnie dostępnym.

Nazywamy to rekonstrukcją. Jest to stan, który można opisać jako pochłaniający rzeczywistość trans, zazwyczaj nieproporcjonalny w stosunku do okoliczności. Jego siła emocjonalna daje nam wgląd w nienarracyjne schematy stworzone w przeszłości. Wszyscy zostaliśmy ukształtowani przez dawne doświadczenia i więzi. Wczesne wzorce stanowią więc soczewkę, przez którą postrzegamy świat. Ucząc się, jak stworzyć nową mapę fundamentalnych schematów, uwalniamy się od przekonań, w których czujemy się uwięzieni, beznadziejni, zrozpaczeni.

O tym wszystkim myślałam, stojąc z przyjaciółką na ulicy w obcym kraju. Wiedziałam, że jeśli pogrąży się w fizjologicznym nieszczęściu, pozbycie się go z jej ciała potrwa znacznie dłużej. Stałam więc z nią i spokojnie do niej mówiłam, prosiłam, żeby się rozejrzała, spojrzała na mnie i na naszych przyjaciół i zobaczyła, że w tym momencie – w tej rzeczywistości – nie dzieje się nic złego. Była tu i teraz, z ludźmi, którzy się nią zaopiekują i nie pozwolą, by cokolwiek jej zagroziło, czy to pod względem fizycznym, czy finansowym lub emocjonalnym.

Innymi słowy w tamtej chwili nic złego się nie działo. Moja przyjaciółka zdała sobie sprawę, że w przeszłości (gdy powstawały jej wzorce) nie wolno jej było popełniać błędów, podobnie jak wszystkim wokół, ponieważ zawsze szły za tym rozmaite przykre konsekwencje.

Nauczyła się przystosowywać i rozwinęła strategie, żeby sobie jakoś radzić. Dawny lęk jednak pozostał, zakopany w głębi jej układu nerwowego. Kiedy teraz popełnia błędy, otwiera się ta część jej umysłu, z której wyłania się przerażające przekonanie, że czeka ją samotność, odrzucenie i wstyd.

Naszym zadaniem – czy pomagamy komuś innemu, czy samym sobie – jest pozostanie w danej chwili i rozróżnienie pomiędzy tą konkretną chwilą a przeszłością, która próbuje wydostać się na powierzchnię.

Dobra wiadomość jest taka, że trudne momenty dają nam szansę przeżyć daną sytuację w inny sposób. Trudność z kolei polega na tym, że nasze ciała i umysły nie mogą się w tym momencie znajdować w stanie emocjonalnego wzburzenia. Musimy zanurzyć jeden palec w nadchodzącym doświadczeniu, jednocześnie zachowując zdolność do tego, by doświadczać, obserwować i pozostać obecnymi.

Na tamtej ulicy obserwowaliśmy, jak ciało przyjaciółki rozluźnia się, kiedy porzucała „zapamiętany" ból, który wciąż w niej mieszkał. W tym opłakanym stanie odczuwała, co następuje: życie niespodziewanie cię rani, a ty nie masz możliwości nic z tym zrobić.

Później zrobiliśmy wszystko, co trzeba: skontaktowaliśmy się z bankiem itd. Uspokoiliśmy się trochę i wróciliśmy do przeżywania przygody naszego życia.

No i… jak to w życiu bywa… kilka godzin później przyjaciółka sięgnęła do innej kieszeni torby, a w niej… tak, tak, znalazła swój portfel. Był tam przez cały czas. Jednak w tamtej chwili emocjonalnego wzburzenia (które zdarza się każdemu z nas) była absolutnie przekonana, że został skradziony lub zgubiony. Była tak przekonująca, że nawet nie namawialiśmy jej, żeby przeszukała inne kieszenie. Mieliśmy tę pewność razem z nią.

Czy przydarzyło ci się kiedyś coś podobnego?

Prawda jest taka: wszyscy od czasu do czasu miewamy takie momenty. Jak wspominałam, w języku psychologii nazywamy je „rekonstrukcjami". Freud określał je przymusem powtarzania. Rekonstrukcje potrafią silnie nas nękać, kiedy jesteśmy uwięzieni w ich przenikającym nas na wskroś, często podświadomym rytmie. Ważną część mojej pracy jako terapeutki stanowi właśnie mniej lub bardziej dobrowolne wkraczanie w nie; staram się pomóc moim klientom robić to świadomie i w trakcie procesu zmienić ich rezultat.

Dużą część podróży ku zdrowieniu stanowi odkrywanie zakresu i przebiegu schematów, które przyswoiliśmy sobie, często pozawerbalnie, od naszego otoczenia we wczesnym dzieciństwie. Obserwujemy, jak schematy te pojawiają się raz po raz w różnych kontekstach (sposoby wycofywania się i reagowania; ludzie, z którymi wchodzimy w relację; chwile, w których przybieramy postawę obronną itd.). Szukamy wskazówek, jak ułożyć nasze puzzle złożone z miliona elementów; rozbieramy doświadczenie na czynniki pierwsze, żeby móc się do niego dostać – a następnie przywrócić korę mózgową do działania, byśmy mogli je zintegrować.

To wtedy przygotowujemy się na chwile, kiedy w życiu następują wybuchy. Pojawienie się starego schematu wywołuje w nas szok i zmusza do wchodzenia w interakcje w dawny, najczęściej niezbyt zdrowy sposób. Często czujemy później zażenowanie, wstyd, a nawet przerażenie.

Są też dobre wiadomości. Możemy zmienić tkwiące w nas głęboko schematy, najpierw uświadamiając sobie, w jaki sposób i w jakich kombinacjach mogą się objawić, następnie zwiększając naszą zdolność do przebywania z nimi i niereagowania wciąż w ten sam sposób, by w końcu dopuścić do siebie wszelkie uczucia zamknięte w tym schemacie. Wreszcie, kiedy uzyskamy wgląd w poszczególne elementy i przyjmiemy do wiadomości ich istnienie, łatwiej nam będzie wprowadzić zmianę.

W tym właśnie celu napisałam ten rozdział.

Clara opisała doświadczenie złości, mówiąc, że czuła się, jakby jej głowa miała wybuchnąć. W tamtym momencie uczucie to zrodziło się z jej niemożności wysłania maila z prośbą o pomoc. Jej wewnętrzny chaos wyzwolił się, kiedy jej próba nawiązania kontaktu nie powiodła się, przez co poczuła się odrzucona i zablokowana. Chociaż zalały ją emocje i wrażenia cielesne, zdołała trzymać się faktów. Wreszcie otrzymała wyczekiwaną wiadomość i poczuła ulgę, gdy okazało się, że jednak jest w stanie się skontaktować w ważnej dla siebie sprawie.

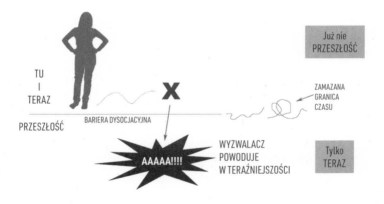

Moja klientka Gabriella poświęciła wiele lat na pracę z tą koncepcją, próbując poradzić sobie z częstymi wybuchami powodowanymi przez wyzwalacze. Z biegiem czasu zrozumiała, w jaki sposób przeszłość przesącza się do teraźniejszości. Kiedy zintegrowała przeszłość z teraźniejszością, jej ciało się uspokoiło.

Opowiedziała mi, że pewnego ranka zauważyła przeciekającą rurę w łazience. W „tu i teraz" tamtej chwili przypomniała sobie, że zna hydraulika, który już kiedyś dla niej pracował. Wiedziała, że powinna do niego zadzwonić, chociaż jego usługa nie będzie tania. Mimo świadomości faktów jej ciało było napięte, a umysł wypełniły przesadne podenerwowanie, niepokój i lęk.

Po latach praktyki Gabriella dostrzegała już, że jej ciało reaguje nieadekwatnie w stosunku do tego, co się działo. Zebrała się w sobie, usiadła i zastanowiła się nad tym, co w tej sytuacji wydało jej się znajome. Przyszło jej do głowy wspomnienie. Kiedy była dzieckiem, jej rodzice bardzo gwałtownie reagowali, kiedy coś się w domu psuło. Ich zachowanie było tak traumatyzujące, że gdy raz usłyszała rurę pękającą w ścianie, nie chciała im o tym powiedzieć w obawie, że zrzucą na nią winę. Chociaż trudno jej było powrócić do tego wspomnienia, Gabriella ze zdziwieniem odkryła, o ile spokojniejsze jest jej ciało już po kilku minutach przyglądania się doświadczeniu i oddzielania przeszłości od przyszłości. Kiedy wróciła do stanu równowagi, zadzwoniła do hydraulika i umówiła się z nim.

Skąd wiadomo, że utknęliśmy w przeszłości?

Kiedy pracuję z klientami, proszę, żeby wyjaśnili, skąd wiedzą, że znajdują się tu i teraz, i by opisali charakterystyczne cechy przebywania w przeszłości.

Kiedy mówią o **chwili teraźniejszej**, zazwyczaj używają słów takich jak: skoncentrowany, zdolny do skupienia, ugruntowany (czujący swoje ciało), jasny umysł (mogący skupić uwagę), czujący siebie tu i teraz, czujący się bezpiecznie, widzący właściwe proporcje, umiejący tolerować różne odcienie szarości, czujący swoje emocje (dobre, złe, mieszane), mający wewnętrzne i zewnętrzne więzi, mający poczucie przestrzeni, świadomy, że to, co jest wewnątrz, różni się od tego, co wydarza się na zewnątrz.

Do opisu uczuć dotyczących **przeszłości** używają takich określeń jak: zmartwiony, myślący obsesyjnie, mający poczucie beznadziei, zrozpaczony, zalękniony, odrętwiały, mający pustkę w głowie, w depresji, zmęczony, sparaliżowany, myślący czarno-biało, poddany powodzi myśli i uczuć, walczący o życie, hiperczujny, przejawiający zrytualizowane zachowania, na skraju wytrzymałości, bez siły.

Jeśli masz dość szczęścia, żeby móc bezpiecznie porozmawiać z kimś bliskim, pamiętaj, że świadomość, w jaki sposób ludzie opisują, co się dzieje, kiedy nieprzepracowany materiał wydobywa się na wierzch, może ci pomóc znormalizować niektóre z tych reakcji, w których często objawia się wstyd. Pamiętaj, że wszystkie reakcje (wszystko, co wydaje się zbyt wielkie, nieadekwatne wobec danej chwili, umiejscowione poza oknem tolerancji) najprawdopodobniej wyzwoliło coś, co wydarzyło się w przeszłości.

Przykład: praca z Andym

Mój klient Andy spotkał się z wyzwalaczem na imprezie. W trakcie naszej sesji wyznał, że jest na siebie zły, bo stracił kontrolę i niewłaściwie się zachował. Zaskoczył go ogrom wściekłości, jaką poczuł „bez powodu" (WAŻNA WSKAZÓWKA – zaskoczył go ogrom wściekłości i *wydało mu się*, że nie ma ku niej powodu).

Zasugerowałam, żebyśmy „dostrzegali każdy drobiazg" i zwróciłam mu uwagę, że został w pewien sposób sprowokowany. Zapytałam go, co zapamiętał z tamtego dnia i od czego powinniśmy zacząć. Andy przypomniał sobie, że jego przyjaciółka rozmawiała na imprezie z kimś obcym.

Zapytałam go, jakie M/U/W (myśli/uczucia/wrażenia) mu wtedy towarzyszyły. Odpowiedział, że czuł się dobrze – ale nie bawił się fantastycznie (*doświadczenie emocjonalne*). Dodał, że oni wydawali się dobrze znać (*myśl*). „Byłem outsiderem" (*kolejna myśl*). Ciągnął: „Nie podobało mi się, że jestem niewidzialny jak tapeta" (*kolejne doświadczenie emocjonalne i wyobrażenie wizualne*).

Chciałam, żeby opowiedział mi więcej o tym doświadczeniu, więc spytałam: „Dlaczego poczułeś się niewidzialny?". Andy odparł, że jego zdaniem ludzie na imprezie powinni krążyć, ale ta grupa „stanęła w kółeczku". Wyjaśnił: „Czułem się pozostawiony sam sobie (*uczucie*) i nie wiedziałem, co powiedzieć. Nie chciałem wtrącać się do rozmowy (*uczucie i myśl*), więc poszedłem do łazienki, żeby otrzeźwieć i umyć twarz (*wydarzenia*). Kiedy wyszedłem i rozejrzałem się wokół, doszedłem do wniosku, że nie lubię tych ludzi. Nie musiałem tam dłużej siedzieć. To wtedy poczułem irytację i złość (*uczucie*)".

Wciąż starałam się więcej dowiedzieć o tym doświadczeniu, jako że nie widziałam wyraźnego powiązania z przeszłością. Zapytałam go więc: „Skąd wzięło się poczucie bycia niewidzialnym?". Andy odparł: „Bardzo chciałem, żeby mnie polubili. Ale też miałem to w nosie".

Dałam mu podpowiedź, pytając, czy w tym doświadczeniu było coś znajomego. Andy odpowiedział: „Kiedy nie mam kontroli nad sytuacją, wolę nie być jej częścią". (Kontrola oznacza często, że dana osoba znajduje się poza swoim oknem tolerancji i musi coś zrobić, żeby poczuć się bezpiecznie).

Razem zastanawialiśmy się na głos, gdzie nauczył się tego rodzaju kontroli, dlaczego tak nienawidził bycia ignorowanym i skąd wzięła się jego potrzeba przewagi nad grupą. W pewnym momencie odnieśliśmy sukces: opowiedział mi historię swoją i swojego brata, który często tracił panowanie nad sobą. Dla Andy'ego było lepiej, gdy odpuszczał walkę z nim. Kiedy zachowywał spokój, brat go „nie zabijał", a rodzice nie zrzucali na niego winy ani nie wściekali się na niego zamiast na drugiego syna.

Andy'emu było smutno na samą myśl o tamtym okresie jego życia. Jako że nasz wspólny czas był zbyt krótki, by przepracować zarówno gniew, jak i smutek, sporządziliśmy mapę jego wewnętrznego terytorium. Ustaliliśmy, że Andy bardzo się boi swojego gniewu i ma skłonności do depresji.

Rozrysowaliśmy „żywot równoległy" tego wydarzenia: jako że zawsze, kiedy brat tracił panowanie nad sobą, Andy dławił swój gniew i pakował go do kapsuły czasu, dzięki temu czuł się bezpiecznie w chwilach potencjalnego zagrożenia. Kapsuła służyła mu także do oddalania od siebie smutku, który towarzyszył mu, kiedy rodzice ignorowali jego lęki. Rodzice, skupieni na młodszym synu, nie potrafili pocieszyć starszego.

Kiedy udało nam się odkryć te elementy jego historii, jaśniej zobaczyliśmy, dlaczego wyzwalaczem są dla niego sytuacje, w których czuje się ignorowany i obcy. Ciało Andy'ego nieco się rozluźniło, kiedy przyznał, że nie chce znów przeżywać podobnych dylematów. Wspólnie postanowiliśmy rozpisać kilka strategii, które miały mu pomóc radzić sobie z podobnymi wyzwalaczami w przyszłości.

Kiedy poznacie M/U/W danej sytuacji, zyskujecie możliwość pozostania w teraźniejszości i poszukania innej, bardziej satysfakcjonującej drogi. Tę umiejętność opiszemy w rozdziale „Tworzenie nowej drogi".

REFLEKSJA NAD ZWROTEM KU ŻYWOTOM RÓWNOLEGŁYM

Zapisz myśli, które pojawią się w twojej głowie w odpowiedzi na poniższe pytania. Skup się na tym, by w pewnym momencie bliżej się im przyjrzeć. Nie musisz odpowiadać na wszystkie naraz. Niektóre będą wymagały więcej czasu niż inne. Jeśli masz taką możliwość, porozmawiaj o nich z przyjaciółmi lub z terapeutą. Zapytaj innych, co jest skuteczne w ich przypadku.

Jeśli masz za sobą historię traumy, znasz doświadczenie bycia wciągniętym w przeszłość – w pełne bólu, mroczne, przytłaczające przestrzenie. Jest to bardzo nieprzyjemne. Ludzie chcieliby trzymać się od tego z dala, ale większość z nich tego nie potrafi. Dzięki ćwiczeniom uczymy się wreszcie akceptować małe dawki tego, co zostało wyparte, i neutralizować jego ładunek. Dzięki umiejętnościom BSE zyskujemy narzędzia, które pozwalają nam samodzielnie unieszkodliwiać wyzwalacze. Kiedy jesteśmy gotowi, z pomocą terapeuty znajdujemy dostęp do kolejnych elementów naszej bolesnej opowieści.

Kiedy tylko możesz, próbuj mościć się w teraźniejszości. Bycie obecnym to termin opisujący doświadczenie zaciekawienia, otwarcia, zainteresowania daną chwilą, przebywania tu i teraz. Kiedy jesteśmy obecni, widzimy, co dzieje się w naszym wewnętrznym krajobrazie i mamy pewną kontrolę nad tym, co się wydarza. W takich chwilach życie ma właściwe proporcje i nas nie przytłacza.

W jaki sposób uświadamiasz sobie, że znajdujesz się w ciele, tu i teraz? Skąd wiesz, czy jesteś w przeszłości czy w teraźniejszości? Postaraj się uzyskać dostęp do doświadczenia w ciele. Jeśli ci to pomaga, zapisz lub narysuj odczuwane doświadczenie.

Co pomaga ci być tu i teraz?

Wyzwalacz odpala się, kiedy w chwili obecnej zostaje aktywowany niedokończony element twojej historii. Możesz być wtedy przytłoczony lub odrętwiały, wyłączyć się z życia albo poczuć, że jest ono zbyt potężne, a wokół ciebie szaleje sztorm. Możemy założyć, że w takich momentach wracają do ciebie doświadczenia z przeszłości. Co dzieje się wtedy z twoim ciałem, umysłem i sercem?

_____

_____

_____

_____

_____

Jakie obecne sytuacje są wyzwalaczami, przez które przeszłość eksploduje w teraźniejszości?

_____

_____

_____

_____

W jaki sposób przeszłość wdziera się w twoje „tu i teraz"? Jakieś wspomnienie nadaje barwę twojemu obecnemu doświadczeniu i je zniekształca. Wyzwalacze mogą przyjmować formę wspomnień kinestetycznych, dźwiękowych i wizualnych, a także flashbacków i stanów transowych. Chociaż to wspomnienia, niekoniecznie doświadczasz ich w ten sposób. Czasem może się wydawać, że znowu się wydarzają. Nauczenie się rozpoznawania nieprzepracowanych wspomnień pomoże ci się uwolnić tu i teraz.

_____

_____

_____

_____

Co pomaga ci uświadomić sobie, w jaki sposób przeszłość barwi twoją przyszłość?

_____

_____

_____

_____

Jakie umiejętności mogłyby ci pomóc? (Praca z faktami i uczuciami? Techniki przynależności? _Metta_? Mindfulness?)

_____

_____

_____

_____

REFLEKSJA NAD ANALIZĄ WYZWALACZY

1. Stwórz dla siebie bezpieczne miejsce. Zacznijmy od początku. Jeśli otoczenie, w którym się znajdujesz, wyzwala w tobie gwałtowne emocje i czujesz, że tracisz kontrolę, być może musisz opuścić to miejsce, zanim zrobisz coś, czego będziesz żałować. Może to oznaczać wyjście do łazienki, innego pomieszczenia albo na spacer. Czasem potrzebujemy przestrzeni, żeby się odprężyć. Mężczyźni zazwyczaj potrzebują więcej czasu na wyjście ze stanu fizjologicznego pobudzenia niż kobiety. Jeśli to możliwe, daj sobie czas. Możesz powiedzieć towarzyszącej ci osobie, że wrócisz za chwilę albo za dwadzieścia minut. Jeśli sytuacja nie jest dla ciebie bezpieczna, nie musisz być miły ani uprzejmy. Najważniejsze, żebyś czuł się bezpiecznie. Kiedy wyćwiczysz potrzebne umiejętności, zauważysz, że możesz pozostać w danej sytuacji i pracować nad sobą w sposób niezauważalny dla otoczenia.

Jeśli musisz dalej przebywać w tym otoczeniu, a wciąż trudno ci poradzić sobie z tym, co wyparte, zwróć się sam do siebie. Czasem pomaga powiedzenie aktywowanym częściom siebie, że naprawdę chcesz ich wysłuchać i zrozumieć, co je tak poruszyło, ale teraz nie możesz być przy nich obecny we właściwy sposób. W takich chwilach warto zapewnić je, że się nimi zajmiesz w odpowiednim momencie. Wyznacz porę i dotrzymaj obietnicy!

Jeśli możesz pozostać w danej sytuacji, nie zwiększając poziomu stresu do nieznośnego stopnia, zastanów się, co jeszcze jest ci potrzebne do zwiększenia poczucia bezpieczeństwa. Chcesz do kogoś zadzwonić? Porozmawiać z zaufaną osobą, która jest w pobliżu? Wyciągnąć kartkę i coś napisać? Porozmawiać ze sobą? Dotknąć czegoś miękkiego? Albo twardego? Potrzymać w dłoni swój szczęśliwy kamyk?

2. Sprawdź, co się wydarzyło. Kiedy poczujesz się lepiej i znajdziesz się w spokojnej przestrzeni, daleko od miejsca, w którym czułeś gwałtowne emocje, możesz przyjrzeć się temu, co się stało. Dla niektórych będzie to oznaczało oczekiwanie na sesję z terapeutą. Innym wystarczy dowolna bezpieczna przestrzeń. Kiedy zorientujesz się, w jaki sposób w twoje życie wdziera się przeszłość, będzie ci łatwiej ją zdekonstruować.

3. Zdekonstruuj wyzwalacze. Oszacuj wagę szczegółów. Wyzwalaczem może stać się coś pozornie bez znaczenia, coś, co łatwo zlekceważyć. Szukaj w teraźniejszości rzeczy, które wyglądają/pachną/brzmią jak coś z przeszłości.

Zacznij przegląd od tego, co było „wcześniej". Gdzie byłeś, zanim zalały cię emocje? O czym myślałeś, co czułeś i co się działo z twoim ciałem? Zastanów się nad tym głęboko. Potem skup się na kolejnym odcinku czasu. Wyobraź sobie storyboard animacji czy filmu fabularnego – powstają klatka po klatce. To samo robimy tutaj. Rozpocznij badanie tego, co się stało, od pierwszej klatki. Posuwaj się naprzód aż do „wielkiego wybuchu". Co się wydarzyło? Jakie M/U/W mu towarzyszyły? Czy jest w nich coś znajomego? Kluczem do dekonstrukcji wyzwalaczy jest dostrzeżenie, co w danym doświadczeniu popchnęło cię w przeszłość – zarówno na poziomie zewnętrznym, jak i wewnętrznym.

Na pewnym etapie, być może spontanicznie, pojawią się wspomnienia lub skojarzenia. Niektórzy rozluźniają się, gdy zrozumieją, o jakie skojarzenie chodzi. Nie dotyczy to jednak wszystkich. Cokolwiek się stanie, dobrze jest zapisać sobie dane skojarzenie. Wiele osób nosi przy sobie notatnik, żeby spisywać fakty. Następnie dostrzeż uczucia, ale nie zagłębiaj się w nie. Zapisz je na kartce (jak w ćwiczeniu „Uważne obserwowanie") i popracuj nad nimi z terapeutą lub inną bezpieczną/mądrą osobą.

Carol: Rozumiem, że trudno jest zaufać swojemu ciału – to doświadczenie moje i bardzo wielu ludzi. Ciało właściwie stało się wrogiem.

Deirdre: Zacznijmy bardzo powoli. Od małych kroczków. Króciutkiej chwili. To bardzo ważne. Wsłuchiwanie się w głos innych ludzi, którzy uczą nas, korzystając z własnego doświadczenia, pomaga nam wszystkim.

Carol: Najważniejsza lekcja, jaką zaczerpnęłam z BSE, to umiejętność zwalniania. Kiedy prę do przodu za mocno, zbyt szybko, moje ciało znów się zamyka. Zwalnianie pomogło mojemu ciału, pomogło mi być z nim i w nim.

Deirdre: Nasze ciała na wiele sposobów wykonują doskonałą pracę. W głębi nasze ciała chcą nam pomóc. Musimy nauczyć się im ufać.

„Deirdre, uwielbiam to, czego mnie uczysz, ponieważ nadaje to znaczenie wszystkim pokawałkowanym, irytującym myślom, uczuciom i sygnałom płynącym z ciała, które wnikają w moje teraźniejsze doświadczenie. Teraz, zamiast oceniać uczucia i wrażenia jako ważne bądź nie, mogę wszystkim uczuciom, wrażeniom i myślom nadać zasłużoną wagę, tworząc przydatny system wartości".

Fakt. Ostatnio z kimś rozmawiałam i obudziło to we mnie wiele niespodziewanych uczuć. Czuję się też atakowana przez kogoś, po kim się tego nie spodziewałam.

Myśli. Zrobili mi coś złego! Zrobili mi krzywdę! Coś jest nie w porządku!

Uczucie. Złość.

Wrażenia cielesne. Wewnętrzne ciepło, poziom naładowania systemu rośnie.

Elementy. Części z przeszłości przenikają przez barierę dysocjacyjną do dorosłych części.

Doznanie wewnętrzne. Przeładowanie, biiip, biiip, walcz albo uciekaj.

Uczucie. Rozpacz.

Myśl. Przegram. Poddam się.

Wrażenie. Wysokie naładowanie/natężenie.

Myśli. Kiedy to obserwuję, mam świadomość, że jakaś część mnie jest zbyt mocno naładowana, przez co mój system nie działa odpowiednio. Czy jest to bagaż wcześniejszych doświadczeń, które wywołała obecna okoliczność? Hmm. Mój wujek mi dokuczał. Lubił sobie ze mnie pokpiwać.

Uczucie. Spokój, ugruntowanie, kiedy dostrzegam, że elementy do siebie pasują.

Myśl. To, co przeładowywało mój układ nerwowy, jest teraz do zniesienia.

Wrażenie. Ulga i wolno krążąca energia.

Uczucie. Empatia wobec okoliczności, które mnie sprowokowały, smutek i współczucie – zwłaszcza dla siebie samej.

Inna opcja to dostrzeżenie znajomych elementów w sytuacji będącej wyzwalaczem. Czy znane doświadczenie stanowi mapę tego, jak udało ci się przetrwać? Jakie są jego elementy? Czy możesz narysować lub opisać twoje przekonania/myśli, uczucia i wrażenia?

Umiejętność 6

PRACA Z CZĘŚCIAMI

Cele

- Nauka (lub powtórzenie) podstawowych zagadnień z zakresu biologii i neuronauk, żeby przygotować sobie grunt pod dalsze działania;
- Ćwiczenie pozostawania w równowadze nawet w trudnych emocjonalnie sytuacjach;
- Rozpoznawanie wyzwalaczy;
- Wzmacnianie tego, kim jesteś, a nie twojego pobudzenia;
- Nauka eksperymentowania. Próbowanie. Ciekawość tego, co dlaczego się dzieje. Co się stanie, jeśli wprowadzisz drobne zmiany? Zawsze możesz zadać sobie pytanie: czy czuję się teraz lepiej, gorzej czy tak samo?

Ocaleńcy z traumy ogromnie korzystają na zwiększonej świadomości tego, co się dzieje, kiedy zalewają ich gwałtowne emocje. Kontakt z wyzwalaczami pozostaje jednak stresujący, a ten stres może nas łatwo wepchnąć w wir chaosu, zwłaszcza kiedy dopiero zaczynamy praktykować nowe sposoby opanowywania go. Potrzebujemy prostych umiejętności, które nas uspokoją, ukoją i dodadzą pewności naszym wewnętrznym stanom, dzięki czemu staniemy się bardziej obecni i świadomi.

Wiele metod psychologicznych zajmuje się interakcją z wewnętrznymi stanami (częściami), np. terapia gestalt Fredericka S. Perlsa i psychosynteza Roberta Assagioliego, terapia stanów ego, model strukturalnej dysocjacji osobowości (van der Hart, Nijenhuis, Steele, 2006), model wewnętrznych systemów rodzinnych (Schwartz, 1995) i terapia skoncentrowana na współczuciu rozwijana przez Paula Gilberta i jego kolegów na całym świecie.

Terapia skoncentrowana na współczuciu (*compassion focused therapy*, CFT) używa „techniki pustego krzesła" wywodzącej się z terapii gestalt, w ramach której ludzie eksternalizują swój wewnętrzny stan/swoją wewnętrzną część, przenosząc się na inne krzesło i „stając się" tą częścią, żeby więcej się o niej dowiedzieć. Ustawia się krzesło dla „współczującego ja", które ma pomóc danej osobie widzieć doświadczenie z perspektywy współczucia.

Richard Schwartz, twórca modelu wewnętrznych systemów rodzinnych (*internal family systems*, IFS) opisuje trzy główne grupy: „wygnańców", którzy musieli ulec dysocjacji, żeby przetrwać, „strażaków", którzy próbują ich ochronić i przez to wywołują zamieszanie, oraz „menadżera", który zarządza całym systemem. Model IFS obejmuje dodatkowy komponent: „ja" – część każdego z nas, która zawiera w sobie nieskończone pokłady współczucia, ciekawości, jasności, odwagi i pewności siebie.

Techniki gestalt tworzą ramę dla tych części siebie jako wypartych aspektów „ja", które są możliwe do zintegrowania.

Twórcy teorii strukturalnej dysocjacji osobowości, zainspirowani pracą Charlesa Meyersa z weteranami II wojny światowej, stworzyli swój model pozornie normalnej części osobowości (*apparently normal part of the personality*, ANP) i różnych części osobowości niosących w sobie emocjonalną traumę (*emotional parts of the personality*, EP).

Podejście Petera Levine'a (1997) zostało zainspirowane badaniami i filmami o zwierzętach w ich naturalnym środowisku i ich mechanizmami obronnymi. Następnie zastosował on swoje wnioski w odniesieniu do ludzi w kontekście ich podstawowych reakcji w obliczu niebezpieczeństwa. Naszą pierwszą reakcją jest **walka**. Jeśli nie jest to bezpieczne, nasze ciała dają impuls do **ucieczki**. W chwilach, w których żadna z tych reakcji nie wydaje się odpowiednia, naszą fizjologiczną reakcją jest **zastygnięcie** czy paraliż z przerażenia. Ocaleńcy z traumy doświadczają również braku emocji lub odrętwienia. Kiedy klienci opisują ten stan, mówią, że zastygali, doświadczając jednak pobudzenia przez niepokój. Ostatnią reakcją, jaką wybrałoby zwierzę, jest **poddanie się i spełnienie warunków**. Biolodzy twierdzą, że większość mięsożerców woli nie spożywać padliny, więc kiedy ofiara udaje martwą, myśliwy rezygnuje z ataku.

Metoda Janiny Fisher integruje naszą wiedzę na temat neurobiologicznej regulacji traumy; ten model także bywa pomocny w nauczeniu klientów samoregulacji. Z kolei teoria mózgu trójdzielnego, sformułowana w latach pięćdziesiątych XX wieku przez Paula MacLeana, głosi, że istnieje nie jeden mózg, a trzy.

Chociaż wielokrotnie ją już podważono, takie „potrójne" spojrzenie na mózg wciąż bywa przydatne.

Pień mózgu znajdujący się u jego podstawy jest w swojej strukturze podobny do mózgu gadów i odgrywa rolę centrum dowodzenia odpowiadającego za wiele automatycznych funkcji. Monitoruje on nasze podstawowe potrzeby: oddychanie, reakcje walki i ucieczki, trawienie, bicie serca, itd.

Móżdżek, który mieści się między pniem mózgu a kresomózgowiem, koordynuje ruchy mięśni, równowagę i postawę.

Kresomózgowie podzielone na lewą i prawą półkulę stanowi największą i najbardziej skomplikowaną ze wszystkich trzech części. Odpowiada za uczenie się, interpretację danych zmysłowych i emocje oraz kontroluje ruch. Ludzkie mózgi są proporcjonalnie bardzo ciężkie i posiadają więcej neuronów na jednostkę objętości niż mózgi innych zwierząt. Płytkie szczeliny dzielą półkule mózgowe na cztery płaty. Płat czołowy odgrywa najważniejszą rolę w rozumowaniu, emocjach, osądach i ruchu; płat skroniowy jest istotny dla słuchu, węchu i pamięci; ciemieniowy – dla dotyku i języka, zaś potyliczny – dla wzroku i zdolności czytania.

Pośrodku mózgu znajduje się układ limbiczny, kluczowy dla naszego życia emocjonalnego, a także pamięci, motywacji i zachowania. Układ limbiczny obejmuje ciało migdałowate – część mózgu, która aktywuje się, kiedy wyczuwamy zagrożenie – i hipokamp, który przepracowuje wspomnienia.

Naszą zdolnością do pozostawania w chwili obecnej rządzi rozwinięta kora mózgowa, a nasze traumatyczne rozregulowanie mocno wiąże się z pobudzeniem limbicznym. Ośrodkowy układ nerwowy dzieli się na dwie części: układ współczulny, który nas pobudza i ożywia, i parawspółczulny, który nas uspokaja. Sprawowanie kontroli nad ośrodkowym układem nerwowym doskonale wspiera psychoterapia sensomotoryczna.

Model bezpiecznego ucieleśniania uczy nas podstawowych kroków i tego, jak stosować je poza kontekstem terapii. Pomocne bywa skupienie na spokoju i ukojeniu, tak żeby zapewnić sobie więcej „przepustowości", która umożliwia lepsze radzenie sobie z komplikacjami, jakie niesie życie.

Często myślę o pracy Johna Gottmana z parami. Badacz ten odkrył między innymi, że aby zrównoważyć każdą, choćby minimalnie negatywną rzecz, która przydarza się osobie pozostającej w relacji, trzeba „wpłacić" na emocjonalne konto bankowe 5 pozytywnych wydarzeń. Przydaje się nam to także w procesie zdrowienia. Im bardziej rozluźnione jest nasze ciało, tym łatwiej zneutralizować wyzwalacz.

W tym rozdziale nauczysz się uprawomocniać, dostrzegać i reagować na swoje indywidualne schematy działania, co stanowi podstawę samoregulacji. Otwierając się na swój wewnętrzny świat, dostrzeżesz, że praca z pozbawionymi głosu czy wypartymi, stawiającymi opór częściami siebie, jest absolutnie konieczna. Jako że dla wielu osób samodzielna praca tego rodzaju jest trudna, warto zastanowić się nad terapią indywidualną.

Rozmowy równoległe

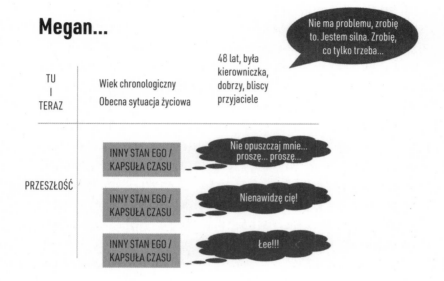

Często nosimy w sobie jednocześnie nakładające się na siebie warstwy rzeczywistości. Nazywam to „równoległymi rozmowami", które toczą symultanicznie. Pozwólcie, że przytoczę przykład Megan.

Megan, odnosząca sukcesy kierowniczka, została skierowana na moje warsztaty przez terapeutkę. Jej kariera doskonale się rozwijała; zatrudniająca ją firma zamierzała powierzyć jej bardziej odpowiedzialne zadania.

Podenerwowana czymś, co wydarzyło się w pracy, i niezdolna do skupienia, Megan zasięgnęła porady terapeutki. Nagle zaczęła czuć się wyczerpana; skoro zawsze potrafiła pokonać przeszkody, czemu teraz jej się to nie udaje?

Praca z terapeutką, która nie miała doświadczenia w temacie dysocjacji, tylko pogłębiła jej objawy. W końcu Megan chodziła na terapię dwa-trzy razy w tygodniu, a sesje trwały od dwóch do trzech godzin.

Taki układ satysfakcjonował Megan na wiele sposobów. Niektóre jej części pragnęły ratunku i cieszyły się z poświęcanej im uwagi. Chciały jej coraz więcej i więcej. Weszły w regres. Podobało im się, że ktoś się nimi opiekuje, bo dotąd takiej opieki nie zaznały. Mogły się kogoś chwycić i nie musiały już wypierać swoich potrzeb.

Wszystko to działo się na jednym poziomie, na którym toczyła się rozmowa pod hasłem: „Nie opuszczaj mnie!". Innymi słowy, jej wewnętrzne doświadczenie polegało na uznaniu, że została w przeszłości zraniona przez ludzi, którzy ją odrzucili i nie troszczyli się o nią, a teraz błagała, żeby to się nie powtórzyło. Kolejna jej część czuła się porzucona i popłakiwała w kącie: „Łeee!". Jej wewnętrzny dyskurs brzmiał: „Potrzebuję pomocy, pomóżcie mi, czuję ból". Jeszcze inna część prowadziła zupełnie inną dyskusję. Krzyczała: „Nienawidzę cię!", co było sposobem na wyrażenie poczucia uwięzienia i przerażenia tej całkiem odmiennej, części.

Poszczególne części umysłu mogą prowadzić podobne rozmowy na różnych poziomach; to utrudnia klientom odpowiadanie na pytania terapeuty. Na jedno pytanie może paść wiele odpowiedzi, które jednocześnie domagają się uwagi. Trzeba umieć rozdzielać wszystkie te wewnętrzne głosy/części, by do każdej z nich zwrócić się z życzliwością, zrozumieniem i szacunkiem. Czasem przebywanie z jedną, najgłośniejszą częścią umysłu może przesyłać sygnały zestrojenia do całego systemu.

Kiedy przyglądamy się naszym stanom wewnętrznym, zawsze przydatne okazuje się pielęgnowanie samowspółczucia; ponieważ są to najczęściej obszary, w których nie czujemy się dość pewni siebie. Współczujące podejście i jednoczesne dostrzeganie tego, co się dzieje – dezidentyfikacja, uświadamianie, eksternalizacja – trzymają na wodzy naszego wewnętrznego krytyka.

Istotne jest znalezienie swojego centrum. Stanie się to, kiedy poszukasz w swoim wewnętrznym świecie przestrzeni na zmianę biegu i współczującego spojrzenia poszczególne części ciebie.

Jako że jesteśmy czymś więcej niż tylko sumą naszych części, znalezienie centrum to pierwsza ścieżka otwierająca nas na wewnętrzną mądrość. Pamiętaj, że ważna jest perspektywa. Jeśli jesteś świadom jedynie tej części, która została aktywowana przez wyzwalacz, trudno będzie ci zyskać dostęp do innych ważnych elementów wewnętrznego dialogu. Nawiązując kontakt ze „współczującym ja" (w ramach CFT), „samym sobą" (w ramach IFS) czy „mądrym umysłem", zdołasz ucieleśnić szerszą świadomość tego, kim jesteś, zamiast zamykać się w rzeczywistości pobudzonej przez wyzwalacz. Ta perspektywa pozwala dostać się do naszej wewnętrznej mądrości, duszy, wyższej sfery „ja", dzięki czemu łatwiej poradzić sobie z trudnościami. Jeśli trudno ci dotrzeć do twojego współczującego ja i wcielić się w nie, pomocne będzie myślenie o kimś, kto zdaje się ucieleśniać swoją własną wewnętrzną mądrość. Dla niektórych może to być ukochana osoba, bezpieczny członek rodziny, terapeuta, autorytet duchowy czy nawet osobowość telewizyjna jak na przykład Oprah Winfrey. Rozpoznawanie i nazywanie cech tych osób pomaga ukonkretnić ideę współczucia.

Kiedy znajdujemy swoje centrum w naszej wewnętrznej mądrości, uczymy się nawiązywać kontakt z tym, co dzieje się wewnątrz nas. Gdy zaczniesz otwierać się na wewnętrzną mądrość, spróbuj zauważyć, co dzieje się z twoim ciałem. Czy czujesz się obecny tu i teraz? Czy czujesz się swobodniej? Co zauważasz najpierw? Czy jest tam zupełnie cicho, czy słyszysz kakofonię wrzasków, a może coś innego? Czy twoją uwagę zwraca napięcie ramion, czy może ucisk gdzieś indziej w ciele? Być może widzisz jakieś obrazy lub do głowy przychodzą ci wspomnienia?

Pamiętaj, że nie ma właściwego sposobu, żeby to zrobić... ani niewłaściwego. To proces zaprzyjaźniania się z twoim wewnętrznym światem, akceptowania różnych części umysłu, emocji i wrażeń. Cokolwiek by to nie było, spójrz na to okiem umysłu i połącz się z tym, pozostając w stanie równowagi i obserwacji. Obserwowanie samego siebie jest mądrością.

Następnie możesz w większym skupieniu przyglądać się sobie i badać. Co komunikują różne części ciebie? Ból? Strach? Gniew? Nieszczęście? Radość? W jaki sposób komunikują się te części? Poprzez myśli? Uczucia? Wrażenia cielesne? Obrazy? Wspomnienia? Pustkę?

Dostrzeż swoje odpowiedzi na powyższe pytania. Zaproś poszczególne części ciebie do dzielenia się z tobą swoimi odpowiedziami. Jeśli potrzebujesz, zrób powoli wydech i powiększ przestrzeń w twoim wnętrzu. Następnie zastanów się, co czujesz wobec tej części umysłu, która domaga się twojej uwagi.

Praktykuj reakcje pełne samowspółczucia. Z początku może to nie być łatwe, ponieważ pojawiające się części od dawna czują się porzucone i niechciane. Pomoże ci w tym wewnętrzne doświadczenie współczucia. Kiedy zdołasz zyskać dostęp do fizycznego wspomnienia przebywania wśród współczujących osób, znacznie łatwiej będzie ci skierować to współczucie ku każdej aktywowanej przez wyzwalacz części.

Świadomie otwórz się na kolejne doświadczenia. Co dana część powinna usłyszeć lub poczuć? Czy chodzi o zapewnienie, że jesteś gotowy jej wysłuchać? Czy pragnie przytulenia? Potrzebuje pocieszających słów? Czy masz dla niej zaśpiewać szczególną piosenkę? Daj sobie tyle czasu, ile potrzebujesz. Jeśli czujesz się przyłoczony lub odrętwiały, przerwij. Pamiętaj, że to może być trudne. Szukaj jednak sposobu, żeby skierować się ku temu, co wspierające i konstruktywne.

Każda część ciebie chce poczuć się uprawomocniona, dostrzeżona, widziana, zaopiekowana, nawet kiedy wydaje ci się przerażająca, pełna żalu czy przestraszona. Przydatna może się okazać interakcja z tymi sprawiającymu trudności częściami i przypomnienie im, że uczysz się razem z nimi, że chcesz nawiązać z nimi kontakt, chociaż czasem nie wiesz, jaki sposób jest najlepszy. Możesz wypowiedzieć te zdania: „Chociaż mnie przerażasz, chcę się nauczyć, jak się o ciebie zatroszczyć". „To coś nowego. Wypróbowuję coś innego. Będę działać powoli i stopniowo się uczyć". Albo: „Hej, czy możecie dać mi trochę przestrzeni, żebym mogła pobyć tu z wami? Jeśli mnie przytłoczycie, znów będziecie same, a wiem, że tego nie chcecie".

Przez cały czas nie przestawaj obserwować, co się dzieje. Jakie myśli i uczucia pojawiają się w tobie? Jak reagują twoje ciało i serce? Z przejrzystą intencją i zainteresowaniem obserwuj, w jaki sposób dana część reaguje na komunikację z tobą. Czy się wzdraga? Rozluźnia? Płacze głośniej? Pozostawanie w swoim współczującym czy dorosłym „ja" pomoże ci wykorzystywać wszelkie zasoby, żeby troszczyć się o pierwotnie porzucone części. Dostrzeżesz, że zyskujesz świadomość wewnętrznych umiejętności, z których nie zdawałeś sobie sprawy. Z czasem i dzięki praktyce będziesz je opanowywać coraz lepiej, a wtedy rozpocznie się prawdziwy proces zdrowienia.

Pamiętaj, że wymaga to czasu, a zanim powróci zaufanie, zmierzysz się z wieloma wyzwaniami i odniesiesz wiele drobnych sukcesów. Pamiętaj, żeby powracać do tego zaufanego, zrównoważonego i pełnego miłości miejsca, które pozwala spojrzeć z szerszej perspektywy. Nauka bycia z samym sobą wymaga cierpliwości i współczucia, więc bądź dla siebie łagodny. Szukając najlepszych sposobów na bycie ze sobą, nie zapominaj o życzliwości.

Wayne wyjaśnił Deirdre, że jego wyparte części często mówią wszystkie naraz, a to go dezorientuje. Chcąc zrozumieć, co próbują mu przekazać jego wewnętrzne głosy, Wayne postanowił wszystko zapisać. Przyglądając się swoim notatkom, zdał sobie sprawę, że głosy są w różnym wieku, użył więc kolorowych długopisów, żeby je rozróżnić. Na różowo zaznaczył głos dziecka, na zielono – gniewnego nastolatka, zaś na fioletowo – dojrzałego siebie.

Z początku jego notatki nie miały żadnego sensu. Proces wsłuchiwania się w głosy i zapisywania słów pomógł mu jednak zarządzać swoim doświadczeniem. Chociaż nie wszystko, co zapisał, okazało się pomocne, ćwiczenie to pomogło mu znaleźć tematy, które mógł później omówić z terapeutą.

Zanim Wayne zaczął używać kolorowych długopisów, opisywał swoją relację z tymi częściami jako „posiadanie ich, ale nieposiadanie ich". Zatrzymanie się i uszanowanie wewnętrznych głosów pomogło mu nawiązać głębszą relację z rozbrykanymi częściami. Wayne podkreślał, że to powolny proces.

Deirdre pogratulowała mu pomysłu używania kolorowych długopisów i pochwaliła go za uzewnętrznienie swoich M/U/W. Spytała go, co pomogło mu wytrwać. Wayne powiedział, że dzięki ćwiczeniu rozpracował swój wewnętrzny dialog. Dodał, że kluczowe było dla niego samowspółczucie.

Jak mówić do siebie kojąco

Prawdopodobnie zauważyłeś, że wciąż podkreślam znaczenie życzliwości, łagodności i współczucia. Budowanie tego wewnętrznego świata – w którym bezpiecznie jest ufać, w którym tworzy się środowisko pełne życzliwości i wsparcia – to kluczowa zasada bezpiecznego ucieleśniania.

Z pewnością warto je praktykować, kiedy „mówimy" do siebie. Jak często używasz wobec siebie życzliwego, serdecznego języka? Jak to się ma do chwil, gdy mówisz do siebie krytyczne, negatywne słowa? Zastanów się, w jakich sytuacjach tak się do siebie odzywasz. Czy umniejszanie siebie jest dla ciebie typowe?

Uświadomienie sobie, jak traktujesz sam siebie, to pierwszy krok. Musisz praktykować łagodne i współczujące podejście do siebie. W przeciwnym wypadku korzystanie z twojej świadomości tylko zwiększy cierpienie i poczucie beznadziei.

Kiedy zyskasz świadomość, z czasem zainspiruje cię ona do dokonywania wyborów prowadzących do bardziej konstruktywnych celów. Niezależnie od tego, co się dzieje, pamiętaj o tym. Twoim celem jest przede wszystkim poczuć się lepiej; doznać ulgi zamiast dyskomfortu.

Sugestie, jak rozwijać zdrowe sposoby mówienia o sobie

1. Dezidentyfikacja

Dezidentyfikację psychologiczną można przeprowadzać na różne sposoby. Przede wszystkim należy spróbować oddzielić się od tego, co dzieje się w naszym wnętrzu, nie dysocjując. W ten sposób odkrywamy, że nasze obserwujące „ja" może przyglądać się temu, co dzieje się w innej części.

Czasami możemy przeprowadzić dezidentyfikację poprzez dostrzeganie różnic; czasem bardziej pomocne są aktywności takie jak pisanie, rysowanie, śpiewanie czy ruch. Tak czy inaczej, spróbuj zauważyć, czy w twoim wnętrzu jest osadzony wewnętrzny obserwator, który zwraca baczną uwagę na to, co się dzieje.

Dostrzeganie. Jeśli zalewa cię fala emocji, pomoże ci nazwanie wyzwalaczy, a następnie emocji – gniewu, zazdrości, lęku. Jak w przypadku medytacji, prosty akt zauważania (dostrzegania) może pomóc uzewnętrznić doświadczenie, czyli psychologicznie umieścić je na zewnątrz siebie. Powtarzanie słów: „gniew, gniew, gniew" czy „smutek, smutek, smutek" daje ci przestrzeń na oddech, dzięki czemu spowalniasz wrażenie przytłoczenia.

Kiedy zewsząd atakują nas bodźce, musimy pamiętać o oddechu, zatrzymać się i zdać sobie sprawę, że nie składamy się jedynie z tej części, którą pobudził wyzwalacz. W takich chwilach dezidentyfikację umożliwia nazywanie i etykietowanie części. Po prostu zauważ, że zadziałał na ciebie wyzwalacz. Dostrzeżenie wrażenia czy uczucia pozwoli ci zwolnić, dzięki czemu będziesz mógł utożsamić się z emocjami i je nazwać. W ten sposób nie będziesz się czuł tak przytłoczony.

„Jestem pod silnym wpływem wyzwalacza... Jestem pod silnym wpływem wyzwalacza".

Uzewnętrznianie. Czasem dostrzeganie nie działa. Wewnętrzne głosy kontrolują często dużą część naszej psychologicznej przestrzeni. Kiedy czują się pełne mocy, często przejmują ster. Jeśli nie jesteśmy ich zakładnikami, możemy po prostu rozpoznać w nich te części nas samych, które starają się ochronić nas przed niebezpieczeństwem. Jeśli jednak przejmą nad nami kontrolę, możemy poczuć się jak więźniowie.

Żeby je zneutralizować, zastanów się, gdzie w ciele zlokalizowane jest to doświadczenie. Czasem może ci się wydawać, że znajduje się poza ciałem. Poszukaj go przez chwilę. Stan ten może się wyrażać w myślach (słowach w twojej głowie), uczuciach, wrażeniach czy obrazach. Zdaj sobie sprawę, że cokolwiek by to nie było, ta część ciebie próbuje się z tobą skomunikować. Być może klatka piersiowa wydaje ci się ciężka. Wrażenie to może stawać się coraz silniejsze, a nawet powodować ból. Możesz mieć uczucie, że ta część ciebie chce ci coś przekazać – przypomnieć ci doświadczenie z przeszłości.

Być może wyczuwasz wokół swojego ciała „pole siłowe" bądź wydaje ci się, że nie możesz się ruszać. Czasem w naszej głowie robi się głośno, jakby wskoczyła do niej banda przedszkolaków. Niektórzy ludzie po prostu dostrzegają stany emocjonalne lub mają przed oczami obraz przebywania gdzieś w którymś momencie życia. Cokolwiek się pojawi, zauważ to i wykorzystaj te informacje jako punkt dostępu.

„To jest w mojej głowie. Jest tak głośno, że nawet nie potrafię rozpoznać słów".

„Czuję wielką kluchę w moim brzuchu. Niedobrze mi".

„Czuję się jak flipper, w którym wszystko odbija się od ścianek".

„Chciałabym zwinąć się w kulkę i odciąć się od wszystkich".

Kiedy lepiej zrozumiesz tę aktywowaną przez wyzwalacz część, przemów do niej, jakby znajdowała się na zewnątrz ciebie. To prosty sposób na dezidentyfikację – rozpoznanie, że jest w tobie część, która przeżywa to doświadczenie, ale jest też inna, która obserwuje ją z zewnątrz. Spójrz na sprowokowaną część jak na zmęczone dziecko, które potrzebuje odpoczynku. Postaraj się mówić do niej pewnie i życzliwie.

„Jesteś naprawdę silnie sprowokowana, prawda? Chcę wiedzieć, co się dzieje. Widzę, że jesteś bardzo nieszczęśliwa (smutna, zła, sfrustrowana, przestraszona, zraniona). Martwię się z tego powodu, ale boję się, że nie umiem cię wysłuchać. Boję się własnego strachu, ale chcę spróbować; jeśli nie zrobię tego dobrze od razu, spróbuję ponownie".

W dowolny, dogodny dla ciebie sposób, daj znać tej części ciebie, że jesteś na nią otwarty i że jej wysłuchasz. Być może konieczna będzie chwila na oddech i ugruntowanie. Jeśli tak, nie spiesz się: zwolnij, żeby nie zgubić się w sytuacji. Jeśli tego potrzebujesz, idź na spacer. Ruch zmniejszy potencjalne przytłoczenie emocjami.

Czasem musimy bardziej konkretnie uzewnętrznić części domagające się uwagi. Spróbuj narysować to wewnętrzne doświadczenie, opisać je albo w inny sposób umieścić poza sobą. Rozpoznaj jego szczegóły. Jak brzmi głos? Gdzie w twoim ciele mieszka ta część? Jak wygląda? Czy to plama, ciemna chmura, czterolatek, a może niesympatyczny strażnik więzienny? Kiedy uzewnętrznisz tę część, stanie się dla ciebie równie prawdziwa jak wtedy, kiedy tkwi w tobie.

Teraz świadomie obserwuj tę część oczami i za pomocą zmysłów. Dzięki temu zinternalizowana część ciebie wydostanie się na zewnątrz. Odsuń ją od siebie tak daleko, jak potrzebujesz, żeby stworzyć bezpieczną przestrzeń.

Jeśli czujesz, że zaraz przytłoczą cię emocje albo że zaczynasz ponownie identyfikować się z aktywowaną częścią ciebie, poproś ją, żeby zwolniła. Nadal traktuj ją życzliwie i pewnie.

Weź kolejny oddech albo dwa. Obserwuj, jakie uczucia towarzyszą ci teraz, kiedy ta część ciebie została uzewnętrzniona. Jeśli wciąż czujesz się tak samo, możesz być pewien, że aktywowana przez wyzwalacz część wróciła na swoje miejsce! A może „chroni cię" inna część, która nie pozwala ci na spokój. Czasem części „ochronne" aktywują się, żeby sprawdzić, czy nie grozi ci nic złego.

Jeśli nie potrafisz znaleźć swojego centrum, weź wdech pełen życzliwości, współczucia, uzdrawiającego światła albo wybranej przez siebie energii. Skup się na tej życzliwości bez żadnej presji. Spokojnie ją smakuj i chłoń tę odmienną energię.

Wszyscy mamy takie części siebie, które nie ilustrują tego, kim chcemy być. Warto na przykład wydzielić podłość (czy inne trudne części), umieszczając ją w osobnej szufladce. To kolejny sposób na oddalenie się od nich. Świadome zwrócenie się do nich jako.do oddzielonych od ciebie może dać ci pewne poczucie wolności czy bezpieczeństwa, a także pozwoli dokładniej się im przyjrzeć. Niektórzy potrzebują umieścić te części w pojemniku. Można to zrobić w wyobraźni albo zapisać czy narysować, co dana część reprezentuje, a następnie umieścić artefakt w pudełku i gdzieś je schować. Niektórzy decydują się je nawet pochować! Zaufaj sobie i stwórz psychiczną przestrzeń, której potrzebujesz, żeby się uspokoić.

2. Zaprzyjaźnianie się z tymi stanami

Kiedy zauważysz, że wypełnia cię wewnętrzny hałas, potraktuj to jako świetną okazję, żeby praktykować współczucie i kochającą życzliwość! Z początku trudno jest dostrzec w wewnętrznych głosach część siebie, ale dzięki praktyce można ją uzewnętrznić i zainicjować współczujące interwencje.

Kiedy ktoś jest dla nas nieuprzejmy lub niemiły, w pierwszej chwili chcemy mu odpłacić pięknym za nadobne. Kiedy nasze części krytykują nas lub lekceważą, naszą nawykową reakcją jest zatopienie się w ich słowach, stanie się nimi lub okazanie im posłuszeństwa. Dzięki praktyce możemy zwolnić, co stworzy wewnętrzny dystans i da nam szansę na wybór lepszej reakcji.

Kluczem do rozwinięcia w sobie współczucia jest zrozumienie, że części te tylko wykonują zadania, które postawiliśmy przed nimi dawno temu. Z czasem dostrzeżemy w ich zachowaniu wiadomość z przeszłości. Niestety te wewnętrzne impulsy, myśli i uczucia stają się podstawą naszych działań w „prawdziwym życiu" i często przyjmują formę wybuchów złości, autodestrukcyjnych nawyków, całkowitego wycofania, objadania się, obsesji czy innych ekstremalnych zachowań. W modelu wewnętrznych ustawień rodzinnych części te nazywa się „strażakami". Strażacy zrobią wszystko, żeby ochronić wypartą część przed kolejnym zranieniem. Kiedy jednak tak się dzieje, często jesteśmy zaskoczeni, przytłoczeni, zagubieni.

Jeśli dostrzegasz w nich nie utratę kontroli, lecz informacje z przeszłości, przyjrzyj się im bliżej i zaprzyjaźnij się z nimi. Gdy przyzwyczaisz się do tego nowego podejścia, twoje wewnętrzne doświadczenie stanie się radośniejsze i bardziej współczujące.

Postaraj się powiązać twój wewnętrzny hałas, zachowania czy uczucia z przeszłością. Wyobraź sobie, że odczuwasz po prostu nieprzepracowane doświadczenie, które dawno temu zostało w tobie zakodowane. Niemowlę, dziecko, a nawet nastolatek nie jest jeszcze w stanie poradzić sobie z przytłaczającymi uczuciami. Nie wie, co z nimi zrobić. Ludzie zazwyczaj wypierają to, co ich przytłacza, chowajc to w jakiejś oddzielonej psychologicznej przestrzeni, tak by nie „wtrącało się" więcej w ich codzienne życie (jeśli masz taką potrzebę, wróć do rozdziału o żywotach równoległych). Być może czujesz teraz intensywność, której nie byłeś w stanie przetrawić w młodości. Teraz potrzebujesz swojego obecnego doświadczenia, by zrozumieć, czemu przeszłość była taka trudna, a to stanowi klucz do bardziej satysfakcjonującej przyszłości.

„Wow. To szalenie intensywne przeżycie. Jeśli dziś tak mi trudno, to kiedy miałem _____ lat (wpisz liczbę), ta sytuacja musiała być naprawdę nieznośna".

Podczas tego procesu sprawdź, czy dana część cię słucha, czy zwraca na ciebie uwagę. Jeśli nie dostajesz wewnętrznego feedbacku, spytaj ją, czy jest ciebie świadoma. Zazwyczaj pojawia się jakaś odpowiedź: ta część ciebie może się ukrywać, być zmartwiona, zniechęcona czy smutna. Nie wiemy tego na pewno, więc postaraj się mówić do niej tak życzliwie, jak tylko potrafisz:

> Wiem, że nie zawsze byłem dla ciebie oparciem. Chcę, żebyś wiedziała, że dopiero się uczę. Wiem, że muszę to robić inaczej niż dotąd. Popełniam błędy, nie zawsze wiem, jak z tobą rozmawiać, i nie zawsze mam czas cię wysłuchać. Mam nadzieję, że okażesz mi cierpliwość. Możesz zawsze dać mi znać, jeśli zrobię coś, co ci nie pasuje.

Kiedy osiągniesz jakiś poziom wewnętrznej równowagi – niekoniecznie od razu 100 procent – spróbuj życzliwie zwracać się do krytycznych czy wściekłych głosów. Praktykując życzliwość, tworzysz przestrzeń wewnątrz siebie, żeby doświadczać ich w bardziej wspierający sposób. Następnie możesz przywitać te części, jakbyś witał gościa w swoim domu. Zaprzyjaźnij się z nimi, zamiast je odpychać.

> Wiem, że czujesz ból, ale nie jest mi łatwiej cię słuchać, kiedy tak mnie krytykujesz. Czy możesz obniżyć poziom energii, tak żebym mógł być bardziej obecny i usłyszeć, co masz mi do powiedzenia?

3. Ustanawianie kochających, życzliwych granic

Czasem próby psychologicznego „przepracowania" czegoś są zbyt trudne. Być może czujesz się zestresowany lub wypalony przez swoją własną fizjologię. Okaż sobie łagodność. To doskonały moment na praktykę współczucia, w tym także na porzucenie trudnej treści i przekierowanie uwagi gdzie indziej.

Skoncentruj się. Kiedy próbujesz zwrócić uwagę gdzie indziej, sprowokowana część ciebie będzie się jej dopominać. Skup się mocniej na tym, gdzie ty chcesz pójść, zamiast na tym, co próbuje cię do siebie przyciągnąć. W takich sytuacjach wiele osób uznaje za pomocną praktykę *metta*, która przydaje się w przekierowywaniu energii z dala od wewnętrznego zgiełku, nie prowadząc jednocześnie do dysocjacji. Koncentracja na czymś nowym pomaga stawiać granice. Możesz uczyć się robić na drutach, grać na instrumencie, powtarzać tabliczkę mnożenia, odchwaścić ogród albo zająć się którąkolwiek z miliona innych neutralnych lub pozytywnych czynności.

Czasem zdarza się tak, że pewne części ciebie nie są gotowe na życzliwość, troskę i współczucie, albo nie są nimi zainteresowane. Niektóre z nich są tak zranione lub wściekłe, że umieją tylko walczyć. Tak jak stawiasz granice okrutnym lub nieczułym ludziom, możesz także to zrobić dla siebie. Wewnętrzne granice pomagają znaleźć sens w chaosie, który czujesz, gdy życie cię przytłacza.

Rozumiem, że się złościsz. Ale nie możesz traktować mnie w ten sposób.

Jeśli chcesz zwrócić na siebie moją uwagę, znajdźmy sposób, który będzie dobry dla nas obojga.

Granica czasu. Jak już wspominałam, część twojego umysłu będzie potrzebować czasu, żeby się uspokoić. Na przykład, wyzwalacz może ją pobudzić w pracy, gdzie nie dasz rady zająć się takim poziomem emocji. Daj jej znać, że nie możesz nic zrobić w danym momencie, ale później znajdziesz czas, żeby jej wysłuchać.

Wybierz konkretną chwilę, kiedy będziesz w stanie powrócić do tej sytuacji. Nie obiecuj, że jej wysłuchasz, prowadząc samochód czy wtedy, kiedy twoją uwagę będą pochłaniać inne obowiązki!

Być może będzie trzeba poinformować tę część, że nie dasz rady pracować z nią samodzielnie i musisz spotkać się z terapeutą. Być może przyda się dodatkowa sesja.

Niektóre części nadal będą „walczyć" o twoją uwagę. Pełnym spokoju i miłości głosem poinformuj, że to nie jest właściwy moment. Nie możesz zająć się nimi teraz, ale niedługo do nich wrócisz. Jeśli to możliwe, daj im znać, kiedy to będzie i komu o nich powiesz.

4. Tworzenie remedium

Czasem, kiedy znajdujemy się w bolesnej sytuacji, używamy wyobraźni lub myślenia magicznego, żeby nasze problemy stały się znośne. Zamiast tak robić, spróbuj zrównoważyć trudne, bolesne doświadczenie tym, co naprawdę chcesz pielęgnować.

> Czuję tak wiele bólu. Bardzo bym chciał odczuwać go mniej. Niech ogarnie mnie spokój.
>
> Nienawidzę siebie. Chociaż teraz wydaje mi się to prawdą, bardzo bym chciał się o siebie zatroszczyć.
>
> Nie chcę być obecny. Chcę się stąd wydostać. A jednak wiem, że są takie części mnie, które wolą tu zostać.

Strategie samoukojenia

Przyglądaj się swojemu doświadczeniu i monitoruj poziom rozstrojenia. Dzięki temu będziesz mógł zainterweniować i powstrzymać go, nim wymknie się spod kontroli.

Oto kilka pomysłów na rozwijanie umiejętności skutecznego monitorowania twoich wewnętrznych stanów i właściwej interwencji:

1. Kiedy nauczysz się świadomie oddychać w chwili rozstrojenia, praktykuj dalej. Im częściej będziesz to robić, tym prędzej wypracujesz nawyk świadomego oddechu wtedy, gdy pojawi się wyzwalacz. Nieważne, jak bardzo ci źle – możesz zawsze wrócić do bezpiecznej sytuacji, jaką jest medytacja nad oddechem. Możesz skorzystać z wielu technik oddechowych. Szczególnie wartościowa może okazać się technika *kumbach*: zrób spokojny, niemal pełny wdech i przytrzymaj powietrze przez chwilę. Powoli je wypuść, aż twoje płuca staną się prawie puste. Odczekaj jedno czy dwa bicia serca, nie wciągając powietrza od razu. Powtórz. Z biegiem czasu możesz wydłużyć czas wstrzymywania oddechu.

2. Często pomocne okazuje się zaprzestanie mówienia i myślenia o danej sytuacji; w przeciwnym razie tylko ją powtarzamy! Powstrzymanie się przed przywoływaniem danej historii pomaga zmniejszyć intensywność rozstrojenia i obniżyć tempo bicia serca. Dla wielu osób najbardziej pomocne okazuje się ćwiczenie polegające na oddzielaniu faktów od uczuć.

3. Jeśli nie udało ci się zwolnić w obliczu rozstrojenia, świadomie daj sobie przestrzeń. Jeśli ten poziom rozstrojenia i aktywacji osiągasz podczas interakcji z inną osobą, przeproś i poinformuj ją, kiedy wrócisz. Być może 10 minut wystarczy, a może będzie ci potrzeba więcej czasu. Odzyskaj

równowagę, wychodząc z danej sytuacji. (Uwaga: Pamiętaj, że chwila przerwy w czasie kłótni w bliskiej relacji to nie to samo, co jej zakończenie).

4. Praktykuj rozluźnianie napiętych mięśni poprzez kierowanie do nich oddechu. Czasem ludzie napinają ciało, żeby odsunąć od siebie nieprzyjemne wrażenia i emocje. Tworzą „zbroję". Zastanów się, czy tak jest w twoim przypadku. Pamiętaj, że można się zaprzyjaźnić z każdym wewnętrznym doświadczeniem. Czy gdyby chodziło o najbliższego przyjaciela, partnera lub dziecko, udałoby ci się oswoić ich uczucia?

5. Kiedy czujesz niepokój, sprowadź energię do wnętrza ciała, zamiast podążać za nią na zewnątrz. Poczuj kręgosłup, nogi i stopy. Poczuj ziemię, podłogę czy krzesło.

6. Pamiętaj, żeby NIE brać wszystkiego osobiście (wiem, łatwo powiedzieć!). Życie nie uwzięło się na ciebie. Dostrzeż, jak często to, co się dzieje, uznajesz za osobisty afront albo dowód na to, że coś z tobą jest nie tak. Reakcje te są osadzone w przeszłości, w starych historiach. Czy to w nie chcesz teraz wierzyć? Odpowiadaj sobie na to pytanie z łagodnością wobec samego siebie. Jasne, reakcyjne schematy są ci dobrze znane, ale prawdopodobnie nie odzwierciedlają życia, którego pragniesz, ani tego, jakim jesteś człowiekiem. W tym procesie możesz zbadać różne opcje.

7. Zadaj sobie pytanie: co jest alternatywą dla mojego doświadczenia? Spokój? Równowaga? Przejrzystość? Ciepło? Więź? Spytaj rozstrojoną część ciebie, czy zdołałaby

się odprężyć i dać przestrzeń tej bardziej zrównoważonej. Jaka byłaby twoja reakcja na tę sytuację, gdybyś nie reagował atakiem czy załamaniem? Jak radzą sobie osoby, które podziwiasz?

8. Nawet jeśli nie wiesz, jak sobie współczuć, zadaj sobie pytanie: jak smakowałoby samowspółczucie?

9. Wezwij swoje obserwujące ja. Dostrzeż, kiedy i w jaki sposób dane problemy objawiają się w innych sferach twojego życia. Czy zdarzyło ci się z powodzeniem rozwiązać podobny problem w przeszłości? Co ci wtedy pomogło? W jaki sposób opanowanie dzisiejszej sytuacji może ci pomóc w przyszłości?

10. Nawet jeśli dziś jesteś rozchwiany, powoli przejmij kontrolę nad swoim stanem fizjologicznym. Wyobraź sobie, jak by to było sprawować pełną kontrolę nad swoim życiowym doświadczeniem. Lęk i fizjologia nie muszą panować nad twoim życiem i relacjami. Opanuj zdolność zmiany perspektywy. Pamiętaj, że wszystko się zmieni; emocje osłabną; fizjologia wróci do stanu równowagi. Zachowuj się w sposób, który później będzie budził twój szacunek.

11. Oddzielaj uczucia od faktów. Zrelacjonuj fakty raz, a potem drugi. Co wobec nich czujesz?

12. Oddzielaj przeszłość od teraźniejszości. Rozejrzyj się: co widzisz? Ile masz teraz lat? Jeśli sytuacja wydaje ci się zbyt naładowana emocjonalnie, prawdopodobnie budzą się skojarzenia z przeszłości. Wiem, że mocno cię przyciągają, ale nie musisz za nimi podążać. Przed regresem mogą powstrzymać cię proste zdania. Jeśli wypowiadając je, będziesz

czuć determinację, by nie poddać się traumie po raz kolejny, zdołasz uniknąć mnóstwa niepotrzebnego cierpienia.

Pięć kluczowych stwierdzeń

- NIC mi teraz nie grozi.
- Wyzwalacz uruchomił coś pochodzącego z przeszłości.
- Chodzi o przeszłość.
- Jeśli teraz jest źle, wtedy musiało być znacznie trudniej.
- Nie pozwolę, by historia mojego życia ograniczała mnie dzisiaj.

13. Powstrzymaj aktywację. Postaraj się uniknąć eskalacji i wybuchów. Choć gwałtowne pobudzenie może intuicyjnie wydawać się wspaniałe i satysfakcjonujące, pamiętaj, że często niesie odwrotne skutki. Prawie zawsze sprawia, że na dłużej pogrążasz się w bólu.

    Zrównoważ pobudzenie, skupiając się na poszuaniu przyjemności tkwiącej w spokoju, sile i determinacji, zamiast czerpać ją z perwersji, życia na krawędzi czy bycia twardym i obojętnym. Kontroluj się, nie pozwalając sobie na katastrofizację, wściekłość czy samouwielbienie. Autokrytyka, obwinianie siebie i innych (takie jak: „Nie mogę w to uwierzyć!", „Tak być nie może!", „Jesteś kompletnym idiotą!") może w danym momencie wydawać się satysfakcjonujące, ale słowa potępienia rzadko poprawiają jakość życia.

14. Rozwijaj przyjaźnie, hobby i aktywności fizyczne. Naucz się dobrze bawić. Aktywnie szukaj wydarzeń, sytuacji i ludzi, którzy widzą i wspierają to, co w tobie najlepsze.

15. Postaraj się nie zwracać ku jedzeniu, uzależniającym substancjom, zbyt intensywnym treningom czy niekończącemu się katharsis „odczuwania swoich uczuć". Te zachowania nie dadzą ci ukojenia, a zamkną cię w kołowrotku przesadnych emocji, zamiast prowadzić ku spokojniejszym, radośniejszym stanom.

16. Sprawdź podstępne sposoby, jakie stosujesz, żeby bronić siebie, nękać innych, załamywać się, odgrywać ofiarę i odwracać się od prawdy – a wszystko po to, żeby nie musieć się ze sobą mierzyć. Kiedy stajesz w swojej życiowej prawdzie, nawet jeśli jest to bardzo trudne, mniej boisz się żyć naprawdę. Praktykowanie samowspółczucia to kluczowy element procesu zdrowienia.

17. Odpowiadam na wasze pytania podczas sesji *live* na moim Facebooku. Możesz mnie tam znaleźć pod adresem: dfay. com/Facebook

ĆWICZENIE: SAMOUKOJENIE

Cele ćwiczenia

1. Dezidentyfikacja z trudnymi częściami/stanami umysłu
2. Uprawomocnienie doświadczeń tych części.

Podczas nawiązywania kontaktu z różnymi częściami nas samych kluczowe jest współczucie. Kiedy czujemy, że musimy się zmienić, by zdobyć czyjąś aprobatę, niemal natychmiast pojawia się opór. Kiedy nasze wewnętrzne części czują się mile widziane i nie muszą się zmieniać, byśmy je zaakceptowali, zaczynają opowiadać nam o tym, w jaki sposób powstały. Kiedy spotykamy się ze sobą w miejscu, w którym jesteśmy, nie próbując niczego zmieniać, powoli uczą się one, że nie muszą tkwić wiecznie w przyjętej przez nie roli.

Wszystkie modele „oparte na częściach" pokazują, że ta aktywowana przez wyzwalacz nie stanowi całości. Jeśli utknąłeś w tej części siebie, która jest aktywowana lub zamknięta, zaproś do siebie jakąś odwrotną cechę. Co stanowi konstruktywne przeciwieństwo gniewu? Może spokój? Albo współczucie? Co jest bardziej konstruktywne od zamknięcia w sobie? Może ciekawość? Chęć podjęcia ryzyka? Odwaga spojrzenia w mroczną pustkę? A może bardziej konstruktywnym przeciwieństwem zamknięcia się w sobie jest więź czy zestrojenie?

Kiedy dezidentyfikujesz się z aktywowaną częścią swojego „ja" i pytasz ją, czego potrzebuje, dążysz właśnie do zestrojenia. Celem jest integracja rozdzielonych części i przeciwdziałanie wypartemu cierpieniu. Czasem ten proces zaprzyjaźniania się jest łatwiejszy, czasem trudniejszy. Generalnie, im więcej jest tego, co nieprzepracowane, tym więcej równowagi i ugruntowania potrzebujemy, żeby interakcja z tą częścią nas nie przytłoczyła.

Znajdź swoje centrum. Znajdź ciche miejsce, w którym będziesz mógł spokojnie myśleć. Weź kilka powolnych oddechów. Pamiętaj, że jesteś w procesie zdrowienia i że musisz znaleźć sposób, żeby ucieleśnić współczucie i życzliwość. Zrozumienie to część ciebie, która mimo trudności potrafi nawiązać więź i zna do niej drogę. Jeśli odnajdowanie tego aspektu siebie nie przychodzi ci łatwo, pomyśl o kimś, kto według ciebie z wdziękiem ucieleśnia swoją mądrość (może to być członek rodziny, przyjaciel, terapeuta, przewodnik duchowy). Ktokolwiek by to nie był, pomyśl o tej osobie albo cesze. Dostrzeż, co dzieje się wtedy z twoim ciałem. Czy twój oddech się uspokaja? Czy czujesz się mniej samotnie? Jeśli towarzyszą ci niepokój, przytłoczenie czy odrętwienie, poproś je, żeby się wycofały – dały ci przestrzeń na obecność i oddech. Wyparte części często zwalniają swój uścisk, gdy czują się słyszane i zrozumiane. Dając im do zrozumienia, że chcemy być dla nich obecni, a jednocześnie przyznając, że czujemy się przytłoczeni, tworzymy wzajemną relację.

Nawiąż kontakt ze swoim wewnętrznym „ja". Kiedy poczujesz silniejsze ugruntowanie i równowagę, skup się na swoim wewnętrznym doświadczeniu. Zwróć uwagę na wszystko, co się pojawia. Czy jest cicho, czy też panuje hałaśliwa kakofonia? Dostrzegasz napięcie w ramionach? Albo odrętwienie? Może coś w twoim wnętrzu krzyczy? Albo może odzyskujesz spokój? Cokolwiek by to nie było, skup się na tym doświadczeniu.

Przeprowadź dezidentyfikację z aktywowaną częścią. Jedną z najtrudniejszych spraw, jakich uczymy się w terapii traumy, jest zrozumienie, że nie jesteśmy częścią/stanem/doświadczeniem/ uczuciem/symptomem, które nad nami zapanowały. Dawne stany są niezwykle przekonujące. Pamiętaj, że jeśli znalazłeś się w przerażającej sytuacji w wieku pięciu lat, prawdopodobnie odgrodziłeś ten lęk wysokim murem w swoim umyśle. Zapewne zrobiłeś to nieświadomie. Wówczas był to znakomity sposób na przetrwanie. Na przestrzeni naszego życia jednak części te przejmują czasem stery i czujemy się tak, jakbyśmy sami byli przerażeniem, odrętwieniem, złością. W takich chwilach naszym zadaniem jest oddzielenie się od tych dawnych stanów czy żywotów równoległych. Łatwym i dającym moc sposobem na to jest nazwanie tej części („część, w której przechowywany jest lęk") i jej uzewnętrznienie, na przykład poprzez rysunek. Kiedy na niego spojrzysz, łatwiej ci będzie uwierzyć, że twoje wewnętrzne doświadczenie nie jest tobą.

Kiedy zaczynamy praktykę bycia całym sobą, będącą w opozycji wobec utożsamiania się z jedną tylko częścią, musimy pamiętać, żeby nie zaprzyjaźniać się od razu z najgłośniejszymi częściami. One zazwyczaj nie dają nam wyboru: domagają się naszej uwagi, bo nie chcą się czuć samotne, opuszczone czy zdradzone. Warto zdać sobie sprawę, że działają na nas aż tak silnie, ponieważ rozpaczliwie chcą nam coś powiedzieć. Jedynym sposobem, by to zrobić, jest dla nich zalanie nas swoim doświadczeniem. Uczucie przytłoczenia dowodzi, że naszemu młodszemu „ja" brakowało zrozumienia i kontekstu wobec danego wydarzenia. Nasze ego przyjmuje te potężne wspomnienia takimi, jakimi są, i je odrzuca – by pomóc nam przywrócić porządek do czasu, aż pewnego dnia zdołamy z empatią je przywitać.

Jeśli trudno ci przeprowadzić dezidentyfikację z jakąś częścią, warto jej przesłać *metta*: „Obyś była spokojna", „Obyś była bezpieczna". Wypowiedz te zdania świadomie i z intencją, żeby ta część czuła twoją obecność. Dzięki temu stworzysz dystans, który pozwoli ci uniknąć bycia pochłoniętym czy przytłoczonym.

Uzewnętrznij aktywowaną część. Kiedy poczujesz spokój, zaproś jakąś część do swojej świadomości. Możliwe, że coś przyjdzie ci do do głowy od razu, ale też, że uświadomienie sobie części, z którą będziesz się zaprzyjaźniać, zajmie ci sporo czasu. Być może to właśnie ona jest gotowa, by podejść do niej z ciekawością.

Jedna z moich klientek opisywała, na przykład, część siebie, która zamykała się na związki. Klientka ta stawała się wtedy odrętwiała. Poprosiłam ją, żeby wyobraziła sobie tę część, która chciała zostać zrozumiana, i ją narysowała albo opisała. Dzięki uzewnętrznieniu „widzimy" lub „słyszymy" obraz czy wyrażenie związane z tą częścią. Może być ona związana z konkretnym wiekiem, miejscem czy środowiskiem. Może mieć coś ważnego do powiedzenia lub odczuwać silne emocje. Czy jest w tobie część, która domaga się zrozumienia? Wyobraź sobie, jak ona wygląda. Zanotuj lub narysuj coś, co rezonuje z twoimi wrażeniami i miejscem, w którym dają się odczuć w ciele.

Słuchaj. Co komunikuje ta część? Ból? Strach? Złość? Niepokój? Radość? Szczęście? Czy komunikuje się za pośrednictwem słów, uczuć, wrażeń, czy obrazów?

Czasem części zalewają nas uczuciami, żebyśmy mogli doświadczyć ich uwięzionych emocji. Kiedy udaje nam się pozostać w naszym płacie czołowym – w naszym mądrym „ja" – łatwiej nam przychodzi bycie z nimi, a jednocześnie unikamy przytłoczenia. W takich momentach pamiętaj o oddechu. Nie jesteś tą częścią; ona po prostu opowiada ci o swoim doświadczeniu, chce być utulona, uzdrowiona i zintegrowana.

Dostrzeż swoją reakcję na ten przekaz. Następnie weź głęboki oddech, powoli wypuść powietrze i zrób w sobie przestrzeń. Jeśli jest taka potrzeba, przypomnij sobie, że twoim centrum jest twoje dorosłe „ja".

Uprawomocnij. Co ta część chce od ciebie usłyszeć? Zapewnienie, że jej wysłuchasz? Czy chce być „przytulona"? Czy szuka słów pocieszenia? Czy chce usłyszeć jakąś konkretną piosenkę? Wsłuchaj się w jej szczerą odpowiedź.

Czasem boimy się jakiejś części nas samych. Czy możesz potraktować ją uczciwie – nie oceniać jej ani nie oskarżać? Daj jej znać, że ją widzisz, słyszysz i rozumiesz, ale że jednocześnie boisz się emocji, które budzi. Przypomnij i jej, i sobie, że jesteś gotowy się o nią zatroszczyć. Przyznaj, że podróżujesz nową ścieżką i uczysz się nowych technik, które pomogą ci w zdrowieniu.

Ponownie zatroszcz się o tę część. Znów dostrzeż, w jaki sposób reaguje ona na twój przekaz. Czy się krzywi? Rozluźnia? Płacze głośniej? W miarę możliwości pozostań w swoim dorosłym „ja" i użyj wszelkich zasobów, żeby ją ukoić, zatroszczyć się o nią i odpowiedzieć jej ze współczuciem.

Nadrzędna myśl. Pamiętaj, że nawet w przypadku dorosłego ten proces może potrwać. Nauka zaufania sobie na nowo zostanie wystawiona na wiele prób i będzie wymagać budowania w sobie zdolności do zachowywania równowagi. Zawsze powracaj do swojego dorosłego, kochającego, mądrego centrum. **Pamiętaj, że cierpliwość jest cnotą i balsamem dla duszy!**

Umiejętność 7

TWORZENIE NOWEJ DROGI

Cele

- Dalsza integracja i praktyka dotychczasowych umiejętności;
- Tworzenie nowych kierunków przy pomocy większej świadomości;
- Nadawanie wartości nowym kierunkom;
- Przewidywanie oporu, tak by nie udaremnił on dalszej drogi naprzód;
- Rozpoznawanie małych kroczków prowadzących do dużych sukcesów;
- Odnajdowanie sposobów ich wspierania;
- Rozpoznawanie „punktów wyboru", które oferują alternatywne sposoby bycia w świecie.

Jako ludzie potrafimy uczyć się lepiej rozumieć swoje myśli, uczucia i wrażenia cielesne, tym samym zmieniając bieg swojego życia. To dobra wiadomość dla ocaleńców z traumy, którzy często pozostają uwięzieni w pełnych cierpienia historiach z przeszłości.

Oprócz omówionych dotąd umiejętności – koncentracji i zdolności skupienia, uważności, zdolności do dezidentyfikacji z doświadczeniem poprzez obserwację, oddzielenia faktów od uczuć i odróżniania przeszłości od teraźniejszości, by pozostawać w chwili obecnej – musimy nauczyć się, jak konstruktywnie i pozytywnie okiełznać naszą energię. Aby to uczynić, dobrze jest zapanować nad stanem energetycznym wynikającym z rozregulowania układu limbicznego, otworzyć się na funkcje wykonawcze i obudzić nasze serce, tak by potrafiło pokierować potężną energią skumulowaną w naszym ciele.

Jeśli jesteś zainteresowany indywidualną pracą z certyfikowanym praktykiem umiejętności bezpiecznego ucieleśniania (BSE), wyszkolonym w uzdrawianiu trudnych schematów i tworzeniu wewnętrznej struktury, która pozwoli ci żyć pełnią życia, zajrzyj na listę międzynarodowych ekspertów, która znajduje się pod adresem: dfay.com/cp

Stara, znana ścieżka

Wszyscy korzystamy ze starych, znanych nam sposobów przetwarzania naszych myśli, uczuć i wrażeń, szczególnie wtedy, kiedy jesteśmy pobudzeni przez jakiś wyzwalacz. Właśnie w takich chwilach najczęściej stosujemy negatywne schematy, które stają się zaskakująco wygodne. Pozbawione dostępu do nowych informacji, aktywowane części nas nie chcą zmieniać swoich zachowań. Poruszamy się siłą inercji, a strach przed nowym – przed wyjściem ze strefy komfortu – jest silniejszy niż dyskomfort wywołany przez sytuację, która nam się nie podoba. To, co nowe, postrzegamy jako bardziej ryzykowne.

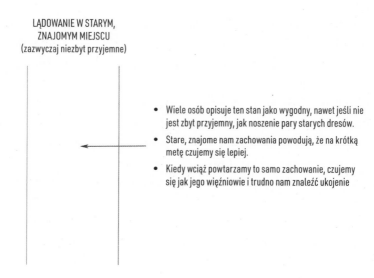

LĄDOWANIE W STARYM,
ZNAJOMYM MIEJSCU
(zazwyczaj niezbyt przyjemne)

- Wiele osób opisuje ten stan jako wygodny, nawet jeśli nie jest zbyt przyjemny, jak noszenie pary starych dresów.
- Stare, znajome nam zachowania powodują, że na krótką metę czujemy się lepiej.
- Kiedy wciąż powtarzamy to samo zachowanie, czujemy się jak jego więźniowie i trudno nam znaleźć ukojenie

Co nas wzywa?

Wciąż czujemy imperatyw do próbowania czegoś nowego, wzrastania i poszerzania swojego przeżywania. To fundamentalne ludzkie doświadczenie. Dostrzegamy coś, co nas wewnętrznie przyciąga. Wyczuwamy to i szukamy sposobów, jak z tym być. Nauka wsłuchiwania się w wewnętrzne wołanie kieruje nas w nowe miejsca. Wtedy jednak trzeba zrobić kolejny krok i zaczynamy się wahać. Kiedy mamy wkroczyć w nieznane, tracimy pewność siebie. Póki nie zaczniemy spokojnie i pomału ćwiczyć, nie stworzymy sobie mapy nowych miejsc i nie zastanowimy się nad swoją ucieczką przed nowym doświadczeniem, prawdopodobnie będziemy się trzymać starych nawyków, chociaż te nas ograniczają i już ich nie chcemy.

Co może zatem być za tą granicą? Czy znajdziesz tam coś lepszego niż to, co już masz? Czemu miałbyś wkraczać w nieznane? Jaka część ciebie popycha cię ku nowym przestrzeniom?

Na tym etapie łatwo byłoby znaleźć coś dużego, wyrazistego, wspaniałego, co będzie cię przyciągać. Wiele osób znajdzie w tym usprawiedliwienie uznania swojego celu za bezpiecznie niemożliwy. Może warto postąpić odwrotnie: wybierz tak mały cel, żeby móc dotrzeć do niego małymi kroczkami. Co będzie na tyle małe, by sprawić, że poziom twojej energii wzrośnie i że obudzi się w tobie ciekawość?

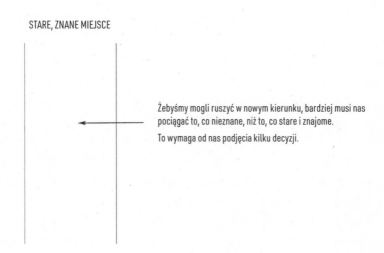

STARE, ZNANE MIEJSCE

Żebyśmy mogli ruszyć w nowym kierunku, bardziej musi nas pociągać to, co nieznane, niż to, co stare i znajome.
To wymaga od nas podjęcia kilku decyzji.

Punkty wyboru

Każda chwila w naszym życiu jest szansą na znalezienie nowego „punktu wyboru": nowej myśli, uczucia, wrażenia, ruchu, impulsu, zachowania – czegokolwiek, co pomoże nam znaleźć nową drogę. Ogrodnik obserwuje, jak zarośnięty kawałek ziemi zmienia się powoli w piękny ogród. Każda garść wyrwanych chwastów otwiera nową przestrzeń i tworzy puste płótno. Podobnie jest z naszym wewnętrznym światem.

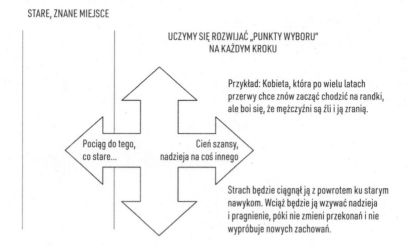

STARE, ZNANE MIEJSCE

UCZYMY SIĘ ROZWIJAĆ „PUNKTY WYBORU"
NA KAŻDYM KROKU

Przykład: Kobieta, która po wielu latach przerwy chce znów zacząć chodzić na randki, ale boi się, że mężczyźni są źli i ją zranią.

Pociąg do tego, co stare...

Cień szansy, nadzieja na coś innego

Strach będzie ciągnął ją z powrotem ku starym nawykom. Wciąż będzie ją wzywać nadzieja i pragnienie, póki nie zmieni przekonań i nie wypróbuje nowych zachowań.

Turbulencje

Kiedy szukamy dla siebie nowych dróg, czasem mówiąc sobie po prostu „chcę poczuć się lepiej niż w tej chwili", zawsze napotykamy turbulencje. Doświadczamy ich za każdym razem, kiedy porzucamy to, co stare, i ruszamy ku czemuś nowemu. Niektórzy doświadczają wówczas stanów lękowych, depresji, wyczerpania, a nawet przerażenia. Intensywność tych emocji zniechęca nas od robienia kolejnych kroków w nieznane. Siła części stanowiących nasze wewnętrzne bariery ochronne skłania nas do powrotu. Żeby przewidywać turbulencje, mogące pojawić się w naszym życiu, potrzeba jasności umysłu, silnej woli i odwagi. Kiedy, będąc wciąż w swojej strefie komfortu, rozpoznajemy, co budzi w nas niezadowolenie, możemy wykorzystać uważność, żeby to nazwać, a następnie moc koncentracji, żeby skupić się na tym, dokąd chcemy dotrzeć.

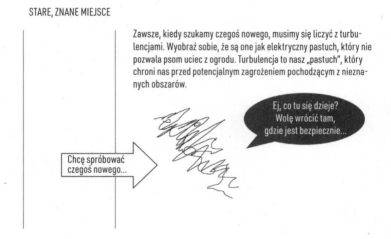

STARE, ZNANE MIEJSCE

Zawsze, kiedy szukamy czegoś nowego, musimy się liczyć z turbulencjami. Wyobraź sobie, że są one jak elektryczny pastuch, który nie pozwala psom uciec z ogrodu. Turbulencja to nasz „pastuch", który chroni nas przed potencjalnym zagrożeniem pochodzącym z nieznanych obszarów.

Ej, co tu się dzieje? Wolę wrócić tam, gdzie jest bezpiecznie...

Chcę spróbować czegoś nowego...

Małe kroczki

Jeśli spróbujemy robić duże kroki, prawdopodobnie damy się porwać turbulencjom, zamiast je oswoić. Małe kroczki powoli i łagodnie poprowadzą nas w pożądanym kierunku, jednocześnie minimalizując niechęć i opór. Starajmy się wykorzystać moc uważności (nazywanie) i skupić na jednym, małym kroczku na raz, będąc jednocześnie świadomymi myśli, uczuć i wrażeń, które nam towarzyszą. Odetchnij i przygotuj się na kolejny mały krok.

STARE, ZNANE MIEJSCE

Jeśli masz przetrwać turbulencje, musisz zacząć od małych kroczków, nie od susów między wieżowcami.

Dzięki małym kroczkom zbudujesz solidny fundament, zaufanie i pewność, że dasz radę zmierzyć się ze wszystkim, co stanie ci na drodze.

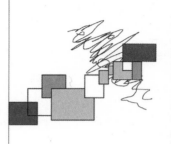

Musisz wiedzieć, że możesz wkroczyć w strefę turbulencji, ale i że możesz się z niej wydostać, nawet jeśli oznacza to powrót na dobrze znaną, bezpieczną ścieżkę.

Przypomnij sobie Jasia i Małgosię, którzy w drodze do ciemnego lasu rozsypują okruszki, ufając, że pozwolą im one się z niego wydostać.

REFLEKSJA NAD POŁĄCZENIEM WSZYSTKICH ETAPÓW

Zastanów się i odpowiedz na poniższe pytania.

Dokładnie opisz swoją starą ścieżkę. Jakie myśli, uczucia i wrażenia (M/U/W) były na niej obecne?

_____

_____

_____

_____

_____

Jaką alternatywną ścieżkę wolisz?

_____

_____

_____

_____

_____

Jak mógłby wyglądać pierwszy mały krok w tym kierunku?

_____

_____

_____

_____

Jakie M/U/W dostrzegasz, robiąc go?

_____

_____

_____

_____

Jakie doświadczenie (M/U/W) skłania cię do powrotu na znaną ci ścieżkę?

_____

_____

_____

_____

_____

Jak możesz wesprzeć sam siebie po rozpoczęciu tego procesu? Jakie M/U/W są przyjemne i nie niszczą pozostałych części twojego układu? W jaki sposób możesz wzmocnić swój początkowy wysiłek? Opisz wsparcie, jakiego sobie udzielisz na nowej drodze.

_____

_____

_____

_____

_____

Jakie kolejne kroczki są konieczne, żeby nadal iść w obranym kierunku? Jak to powinno wyglądać? Jeśli nie czujesz się gotowy, jak mógłbyś nieco uprościć kolejny krok? Jak zrobić to w taki sposób, byś mógł na niego zareagować słowami: „Oczywiście, że dam radę"?

Ucz się na każdym etapie swojej drogi. Jak ponownie zrobić krok naprzód? Próbuj raz lub dwa razy dziennie.

REFLEKSJA NAD TWORZENIEM NOWEJ DROGI

Zastanów się i odpowiedz na poniższe pytania.

A zatem tkwisz w pewnym schemacie. Nie czujesz się z tym dobrze. Właściwie czujesz się beznadziejnie. Słyszałeś, że wszyscy mamy możliwość (lub wybór), by czuć się dobrze w każdej chwili. Proces ten przyspiesza, kiedy wykorzystujemy „punkty wyboru", które pozwalają nam utorować sobie nową drogę. Myślisz, że to szaleństwo, ale chcesz spróbować. Sprawdź, czy to działa.

Celem jest znalezienie sposobu, by poczuć się lepiej – w miejscu, w którym jesteś. Przyjrzyjmy się sytuacji. Gdzie teraz jesteś? Czujesz się kiepsko, ale to znajome uczucie, prawda? W zaskakujący sposób wygodne? Nie chodzi o to, żeby wyskakiwać przed szereg, ani o to, żeby się popisywać przed sobą (czy przed innymi). Chodzi o to, żeby pozostać w danej chwili i znaleźć swój punkt wyboru. To w nim tkwi twoja moc.

Oto kilka kroków, które pomogą ci odmienić twoje doświadczenie.

Z początku proces ten może przypominać wycinanie krzewów w gęstej dżungli. Pierwszy krok jest jak wymachiwanie maczetą, by wyciąć sobie w niej drogę. Z początku trudno nam w ogóle ją sobie wyobrazić. A jednak musisz ją dla siebie stworzyć.

Monitoruj swój wewnętrzny stan. Jakie myśli, uczucia i wrażenia cielesne ci towarzyszą? Sięgnij po najbliższą ci, najłatwiej dostępną myśl, która cię uspokoi i sprawi, że lepiej poczujesz się w danej sytuacji. Co to za myśl? Może, na przykład: „Robię, co mogę" albo „Wszystko się zmienia", albo „Często z początku nie widać zmian na lepsze, ale jestem gotów spróbować".

_____

_____

_____

_____

_____

Jak się czujesz, kiedy myślisz o łatwo dostępnej, pozytywnej emocji lub frazie? W którym miejscu twojego ciała one przebywają? Opisz je tak dokładnie, jak to możliwe, przy użyciu jak największej liczby przymiotników.

_____

_____

_____

_____

_____

Czy miło jest poczuć się choć odrobinę lepiej niż przed chwilą? Pamiętaj, że nie chodzi o wielkie kroki. Być może w twojej percepcji nawet małe kroczki wydają się przytłaczające. Pamiętaj, że każdy z nich się liczy, a cały proces zachodzi stopniowo!

Gdy stary schemat przyciąga cię do siebie...

Z pewnością zauważysz, że z początku trudno jest skupić się na pozytywnych myślach i emocjach. Wyobraź sobie, że stoisz przed gęstym lasem. Plecy bolą cię od wycinania wszystkich tych gałęzi. Kiedy tak stoisz i pocierasz kark czy ramię, wizualizujesz sobie tę dobrze ci znaną, wydeptaną ścieżkę, z której zamierzałeś zejść. Wtedy przychodzą ci do głowy myśli takie jak: „Co ja sobie myślałem? Po co wycinać nową drogę? To za dużo pracy. Łatwiej po prostu zostać na starej. Może i nie jest przyjemna, ale już istnieje, a co więcej – jestem do niej przyzwyczajony".

Moment, w którym stary nawyk czy schemat przyciągają cię do siebie, to właśnie *punkt wyboru*. Dostrzeż nową dróżkę, którą tworzysz. Sięgnij po myśl, która sprawi, że ucieszy cię to, co już osiągnąłeś. Pozostając przy metaforze lasu, możesz powiedzieć sobie: „Te zielone liście są piękne". Podkreślanie pozytywów uwalnia napięcie. Inna myśl mogłaby brzmieć: „Czyż to nie wspaniałe, jak wytrzymałe są te rośliny?". Dzięki takiej myśli (i innym podobnym) możesz poczuć zachwyt i otworzyć się na nowe możliwości.

Chociaż tak naprawdę nie wchodzisz do dżungli, badasz nowy teren, a to ma ogromne znaczenie. Przypomnij sobie myśl, dzięki której chwilę temu poczułeś się lepiej.

Ponownie nawiąż kontakt ze swoim ciałem i swoimi myślami. Co się teraz dzieje? Czy pojawił się w tobie jakiś niepokój? Jeśli tak, przypomnij sobie, jakiego wyboru możesz dokonać właśnie w tej konkretnej chwili. Sięgnij po kolejną myśl, dzięki której poczujesz się lepiej tu i teraz.

Rhonda: W ostatnim czasie skupiam się na swoim oddechu. To mały, prosty krok, który mnie nie przytłacza. Czasem robię tak wtedy, gdy moje myśli uciekają. Koncentruję się na oddechu. Czasem robię to, żeby spróbować przeciwstawić się niechcianym, pełnym strachu myślom, a czasem to próba zmniejszenia niepokoju czy napięcia. Traktuję to jak zaufanego przyjaciela. Chociaż czasem, kiedy skupiam się na oddechu, moje serce zaczyna bić szybciej. Wtedy przestaję lub próbuję je uspokoić. Nie wiem, dlaczego tak się dzieje ani kiedy tempo się ustabilizuje. Zazwyczaj jednak praca z oddechem jest pomocna, a nawet konieczna.

Matt: Kiedy zacząłem pracować z oddechem, czułem się tak pobudzony, że serce mocniej biło mi w piersi. Odkryłem, że metoda, która miała mnie rozluźnić, robiła coś dokładnie przeciwnego – uświadamiała mi moje ciało, co okazało się silnym wyzwalaczem. Przez to było mi trudniej oddychać. Od tamtej pory nauczyłem się zwalniać. I to BARDZO! Daję sobie czas. Aktywnie szukam przyjemności, która płynie z bycia obecnym tu i teraz. Wciąż nie potrafię się skupić tak bardzo, jak bym chciał, więc uczę się czerpać radość z małych chwil. Daje mi to odwagę, by poświęcać im czas. Traktuję to jak reset. Nie poświęcam już czasu jedynie aktywowanym przez wyzwalacze częściom, które mnie unieszczęśliwiały. To przypomina trochę wyłączenie telefonu, kiedy coś dziwnego się z nim dzieje. Po ponownym uruchomieniu wszystko zdaje się działać lepiej.

Jeff: Uczę się przyjmować dobro. Poświęcam teraz chwilę albo i dwie, by pozwolić osiąść we mnie temu, co dobre; świadomie nie pozwalam temu umknąć. Wykorzystuję oddech, by być bardziej obecnym. Czasem koncentracja na oddechu pozwala mi oddalić się od tego, nad czym nie mam kontroli.

ĆWICZENIE: ZMIANA ENERGETYCZNEGO KURSU

Opisz typowy schemat, który kieruje twoim życiem.

Przykład: Kobieta, która umawia się na randki z mężczyznami, często czuje niepokój lub strach.

WZÓR	KOLEJNE KROKI	JAK TO NA NIĄ WPŁYWA	REZULTAT
Chce mieć partnera/towarzysza/rodzinę	Zdaje sobie sprawę, że aby to się stało, musi poznać potencjalnego partnera	Myślenie o tym zwiększa jej niepokój	Im więcej o tym myśli, tym bardziej się boi. Wpada w spiralę przerażenia.

Jak mogłaby zmienić ten wzór?

WZÓR	KOLEJNE KROKI	JAK TO NA NIĄ WPŁYWA	REZULTAT
Chce mieć partnera/towarzysza/rodzinę	Zdaje sobie sprawę, że aby to się stało, musi poznać potencjalnego partnera.

Niepokoi się na myśl o spotkaniu potencjalnego partnera. | Zauważa niepokój. Interweniuje poprzez oddech.

Dokonuje samoukojenia.

Rozpoznaje odczuwane turbulencje.

Szuka małego kroku. | Postanawia uśmiechnąć się do jednej osoby dziennie i cieszyć się, że potrafi to zrobić, zamiast rozmyślać o wszystkim innym, co powinna zrobić. Inna opcja to oglądanie zdjęć różnych ludzi w czasopismach i wymyślanie im pozytywnych historii. |

A co z TWOIMI schematami? Kiedy czujesz się ich więźniem? Co chciałbyś zmienić? Wymień ich tyle, ile potrafisz.

_____

_____

_____

_____

Pomyśl o trzech rzeczach, które chcesz zmienić w swoim życiu. W każdym przypadku opisz, co i dlaczego chcesz zmienić.

_____

_____

_____

Zauważ: Jak jest teraz? Co powinno się zmienić? Dlaczego chcesz przeprowadzić tę zmianę?

_____

_____

_____

_____

REFLEKSJA NAD DOBRYM
I ZŁYM SAMOPOCZUCIEM

Zastanów się i odpowiedz na poniższe pytania.

Mamy moc przeprowadzenia zmiany w pożądanym kierunku w dowolnej chwili, zamiast tkwić w starych schematach. Musimy tylko (brzmi to prosto, ale chodzi o pogłębioną praktykę) praktykować dobre samopoczucie zamiast złego. Chodzi o to, by dostrzegać, co czujemy, o czym myślimy, czego doznajemy. Co zauważasz w tej chwili?

_____

_____

_____

_____

Jakie uczucia/myśli/wrażenia wolałbyś mieć? Opisz je w jak najdrobniejszych, zmysłowych szczegółach (jak mogłyby wyglądać, pachnieć, brzmieć, etc.).

_____

_____

_____

_____

_____

Zapisz wszystkie powody, dla których tego właśnie chcesz. Wykorzystaj na to tyle miejsca, ile potrzebujesz. Celem tego ćwiczenia jest po prostu lepsze samopoczucie.

_____

_____

_____

_____

_____

Sprawdź, jak się czujesz podczas pisania. Lepiej? Gorzej? Mniej więcej tak samo? Jeśli jesteś w pełni zaangażowany w to doświadczenie, prawdopodobnie czujesz się lepiej. Jeśli jest ci z tym trudno, wzmocnij swoją zdolność do skupienia się na tym, czego pragniesz, zamiast powracać do poczucia tkwienia w tym, co już masz. Jeśli pojawi się „niemożliwe myślenie" (a pewnie tak się stanie), odrzuć je i zastanów się nad tym, czego chcesz i dlaczego właśnie tego. W ten sposób skupisz się na tym, co daje ci radość. Kiedy to rozpoznasz, upajaj się swoimi odczuciami. To podejście pozwoli ci odnaleźć energię, która zmieni twój sposób myślenia… a dzięki temu myślenie o tym, czego pragniesz, nie będzie się już wydawało niemożliwe.

ĆWICZENIE: POSZUKIWANIE TEGO, CZEGO CHCESZ

Co chcesz zmienić?	Podaj powody. Szczegółowo opisz, co fantastycznego się wydarzy, jeśli wydarzy się zmiana. Używaj pozytywnych stwierdzeń.	Dostrzeż doświadczenie w ciele. Skąd wiesz, że czujesz się dobrze? Używaj barwnego, ekspresyjnego, pozytywnego języka.	W jaki sposób ten krok przybliża cię ku dobremu samopoczuciu? Co pomaga ci się na nim koncentrować?	Co odpycha twoje dobre uczucia? Gdzie możesz znaleźć punkt wyboru, dzięki któremu znów poczujesz się lepiej?
Chcę mieć nowe mieszkanie.	Chciałabym mieć dużo przestrzeni, żeby zmieściły się w niej moje rzeczy; patrzeć, jak światło słońca przedostaje się przez szyby; mieć solidne drzwi, dzięki którym będę się czuła bezpiecznie.	Czuję, że na moich wargach pojawia się uśmiech. Czuję się weselej, bardziej radośnie	Wspaniale jest myśleć, że coś takiego jest możliwe. Bardzo pomaga mi wizja słonecznego światła, wyobrażanie sobie roślin, poczucie bezpieczeństwa.	Martwię się, że nie znajdę tak pięknego miejsca. Punktem wyboru może być przypomnienie sobie, że na świecie jest wiele różnych mieszkań; znalezienie ładniejszego jest równie możliwe, co znalezienie takiego jak to, które mam teraz.
Opisz swoje własne doświadczenie.				

REFLEKSJA NAD KAMIENIAMI MILOWYMI/ MARZENIAMI

Zastanów się i odpowiedz na poniższe pytania.

Kiedy już wiemy, dokąd nie chcemy pójść, musimy obrać pozytywny kierunek. Jeśli nie jesteśmy świadomi, jaki jest nasz cel, będziemy wciąż wracać na starą ścieżkę, do starych nawyków i starego sposobu myślenia.

Daj sobie czas i poszukaj drogi ku życiu, które da ci radość i znajduje się poza twoją historią traumy. Spójrzmy, jakie małe kroczki poprowadzą cię w kierunku, którego naprawdę pragniesz.

Zacznij od czegoś, ku czemu możesz podążać, a co wydaje ci się lepsze od miejsca, w którym znajdujesz się teraz. Przyjrzyjmy się stanom ducha, które pozwalają ci się rozluźnić, poczuć weselej, bardziej radośnie. W czasie turbulencji będziesz potrzebować czegoś „dobrego", ku czemu można się skierować. Pamiętaj, że turbulencje pojawiają się zawsze, kiedy schodzisz ze znajomych ścieżek. Dla niektórych będą one oznaczały niepokój, dla innych – depresję, a jeszcze inni poczują przypływ adrenaliny.

Sprawdź, gdzie się znajdujesz na poziomie fizycznym i emocjonalnym. Może się to wiązać z dowiadywaniem się, kto lub co znajduje się w twoim wnętrzu – to znaczy ze zwracaniem uwagi na różne części, które w danej chwili tworzą twoje doświadczenie. Mogą być one wzniosłe, znudzone, nieszczęśliwe, pełne nadziei, niespokojne, rozluźnione, pełne wątpliwości – wszelakie.

_____

_____

_____

_____

_____

Poświęć na poniższe ćwiczenie 5 minut. W tym czasie zrób listę rzeczy, które poprawiają ci nastrój. Może to być wszystko, co przychodzi ci do głowy. Opisz w szczegółach, co sprawia, że czujesz większą otwartość, spokój, radość czy entuzjazm. (Może to być na przykład zabawa z psem, głaskanie kota, picie chłodnej wody, rozkwitające w ogródku kwiaty, pływanie w gorący dzień i tak dalej. Na liście mogą znaleźć się także inne wzbogacające doświadczenia, jak pielęgnowanie relacji czy ciekawe hobby). Zrób to bez cenzury. Pisz tak szybko, jak potrafisz.

_____

_____

_____

_____

_____

Po 5 minutach przestań pisać i sprawdź, jak się czujesz. Zastanów się, czy wykonywanie tego ćwiczenia zmieniło twoją energię. Jak się teraz zapatrujesz na ruch w kierunku czegoś nowego?

_____

_____

_____

_____

_____

Przyjrzyj się swojej liście. Pamiętaj, że nie ma dobrych ani złych odpowiedzi. To proste ćwiczenie ma pomóc ci przypomnieć sobie, co sprawia ci przyjemność.

Zapisz odpowiedzi na poniższe pytania:

- Co sądzisz o tym, co napisałeś? Jesteś miło zaskoczony? Sfrustrowany? Zdystansowany?

_____

_____

_____

_____

- Czy trudno ci było znaleźć coś pozytywnego? Czy poczułeś zamrożenie? Czy w twojej głowie rozpętał się hałas? Spróbuj opisać elementy swojego doświadczenia.

_____

_____

_____

_____

_____

- Czy ta lista pokazuje, kim naprawdę jesteś? Czy może raczej to, kim twoim zdaniem powinieneś być? Opisz to.

_____

_____

_____

_____

_____

Wybierz jeden z punktów z twojej listy. Porozmawiaj z kimś o krokach, jakie można podjąć, żeby wyruszyć ku temu celowi. Oto kilka przykładów na początek:

- Więcej piękna w twoim domu: możesz raz w tygodniu kupić kwiaty albo zasadzić je w ogródku, pójść na kurs rysunku albo poszukać inspiracji w muzeum.

- Więzi z innymi: możesz zapisać się na zajęcia do lokalnego domu kultury, pójść do kościoła, dołączyć do klubu czytelniczego, porozmawiać z kimś po spotkaniu, dołączyć do grupy spotykającej się online albo pójść na meeting w ramach programu dwunastu kroków.

Umiejętność 8

OPOWIADANIE RAZ I WTÓRY

Cele

- Zwiększenie świadomości perspektyw i życiowych historii, które wciąż na nowo sobie opowiadasz i przez które postrzegasz świat;
- Znalezienie nowego punktu wyboru tam, gdzie wcześniej go nie było;
- Praktykowanie patrzenia na świat poprzez nowe filtry i z nowymi myślami;
- Zachęta do porzucenia starych, skamieniałych, odbierających moc przekonań/historii;
- Rozpoczęcie budowania naładowanych emocjonalnie historii, które stworzą nowe, wzmacniające sieci neuronowe;
- Pielęgnowanie możliwości przejścia ku bardziej pozytywnemu odczuciu „ja".

Większość z nas patrzy na świat z konkretnej, nawykowej perspektywy, uformowanej przez nasze myśli i przez to, czego nas nauczono. Tym samym utrwalamy w sobie te cechy, które współgrają ze znajomymi schematami.

Kiedy uznajemy, że dobrze znane nam myśli stanowią prawdę, zmieniają się one w przekonania. Mamy wiele dowodów na to, czemu są „prawdziwe". Dosłownie nadają kształt i kolor światu, w którym żyjemy, ponieważ wszystko, co się wydarza, intepretujemy na ich podstawie. Na przykład, mogą one brzmieć: „Świat jest niebezpieczny". „Życie jest zbyt trudne". „Ludziom nie można ufać". „Wszyscy demokraci (lub republikanie) to głupcy". „Mężczyźni są niebezpieczni". „Kobiety manipulują". I tak dalej.

Przekonania te kształtują naszą rzeczywistość. Tworzą okna doświadczenia, przez które patrzymy. Nie wymyślamy ich. Nie dążymy do tego, żeby mieć ograniczony ogląd świata. Po prostu wydają nam się „rzeczywiste". Interpretujemy dowody tak, by uprawomocniały nasz punkt widzenia, a tym samym wzmacniamy nasze przekonania. Omawiamy daną sytuację z innymi, a oni często radośnie się z nami zgadzają i tylko utwierdzają nas w naszym punkcie widzenia. Póki nie podamy naszych przekonań w wątpliwość, nie uwolnimy się od zniekształceń poznawczych. Kiedy jednak świadomie i umyślnie próbujemy je podważać, powoli rozbijamy naszą dotychczasową wizję. Jeśli faktycznie chcemy znaleźć punkty wyboru i ruszyć w nowym kierunku, musimy stworzyć nowe wzorce myślowe, by uformować w sobie nowe przekonania współgrające z naszym celem.

Strategię tę po raz pierwszy pokazali mi Michael White i David Epston. Ci wspaniali terapeuci z Australii i Nowej Zelandii opracowali terapię narracyjną: wielokrotne opowiadanie historii, dzięki któremu odnajdujemy nową, zdrowszą perspektywę. Główną ideą terapii narracyjnej jest: człowiek nigdy nie stanowi problemu, człowiek ma problem. Co więcej, nikt z nas nie chce mieć problemów; po prostu nie wiemy, co z nimi zrobić. Opowiadanie raz i wtóry tego, co jest nie tak, wzmacnia w nas poczucie, że utknęliśmy.

Zdolność do uzewnętrznienia historii pozwala nam wbić klin w jej starą wersję i zacząć tworzyć przestrzeń dla nowej, bardziej pozytywnej opowieści. W ten piękny sposób możemy praktykować porzucanie skamielin starych historii.

Kiedy zaczynamy dysponować nowymi perspektywami pochodzącymi z nieoczywistych źródeł, chętniej bawimy się ze swoimi wewnętrznymi punktami wyjścia, dzięki czemu powstają nowe, wzmacniające nas opowieści.

Gdy wciąż i wciąż opowiadamy te same historie, robimy to, by się w nich utwierdzać. Kiedy wybieramy te, które podążają w pozytywnym kierunku, odnajdujemy nowe punkty wyboru, które zachęcają nas do podejmowania zaskakujących decyzji. Kiedy wciąż powtarzamy te same stare opowieści, wzmacniamy ich „prawdę" i skazujemy się na maszerowanie starą, wydeptaną ścieżką. Opowiadanie tych samych historii prowadzi do tego samego rezultatu, przez co w naszych oczach jawią się jako wiarygodne i prawdziwe. Kiedy opowiadamy sobie nową historię, naszym oczom ukazuje się nowa droga.

Zazwyczaj opowiadanie historii jest naszym sposobem na porządkowanie i wzmacnianie naszego obecnego, zdominowanego przez nasze objawy punktu widzenia. Stanowi ono sposób na zbieranie dowodów, które wesprą konkretny (znajomy) rezultat i wzmocnią obecną strukturę naszych przekonań.

Większość z nas nie widzi naszych przekonań/perspektyw takimi, jakimi są. Żyjemy z nimi już tak długo, od tak dawna podążając tą samą mentalną, emocjonalną i fizyczną ścieżką, że są jak wyryte w kamieniu. Choć powstały w przeszłości, istnieją w naszym tu i teraz – i orientują nas na przyszłość. Są teraz tak mocno wyżłobione w naszych ciałach i umysłach, że uważamy je za normalny sposób życia. Nasze przekonania stały się dla nas rzeczywistością. Gdy wciąż powtarzamy historie wzmacniające nasz utrwalony punkt widzenia, dostrzeżenie naszych nieświadomych perspektyw i wprowadzenie zmian jest bardzo trudne.

Wbudowane w wielu z nas przekonania i lęki pozornie chronią nas od lat – dlatego trudniej nam je uwolnić. Nie wiemy, co może się wtedy wydarzyć.

Bardzo lubię korzystać metody opowiadania raz i wtóry, żeby otwierać się na świeże perspektywy i tworzyć takie nowe myśli, dzięki którym powstaje bardziej wzmacniający system życiowych przekonań.

DOŚWIADCZENIE OPOWIADANIA RAZ I WTÓRY

1. Opowiedz o jakimś osobistym wydarzeniu, najlepiej zawierającym pewien ładunek emocjonalny. To dobra okazja, by uzupełnić tę opowieść jak największą liczbą emocji! Zapisz tę wersję, a następnie zastanów się nad nią.

- Co ta historia mówi o tobie dzisiaj?

- Jakie myśli stojące za nią dostrzegasz, kiedy ją opowiadasz?

- Co czujesz, opowiadając ją?

- Czy wiesz, jakie wrażenia pojawiają się w twoim ciele?

2. Kolejnym krokiem będzie opowiedzenie tej historii z innej perspektywy, a może nawet z innym zakończeniem. Być może zechcesz eksplorować nowe możliwości. Alexis przypomniała sobie, jak siedziała z koleżanką na ławce, bardzo czymś zmartwiona. Nad stawem bawiły się dzieci. Zasugerowałam, żeby opowiedziała tę historię z ich punktu widzenia. Z początku chciała wrócić do swojej perspektywy! Kiedy jednak przypomniałam jej, żeby opowiadała z punktu widzenia dzieci, poczuła radość i entuzjazm; zaskoczyło ją to. Inne opcje to na przykład:

- Gdyby drobinki kurzu mogły mówić, co by powiedziały?
- Jak opowiedziałaby tę historię Oprah, a jak Bono z U2?
- A krzesło, na którym siedzisz? W jaki sposób opisałoby, co się wydarzyło?
- Jak to zdarzenie opisałoby zwierzę?
- Wariantów jest wiele – to świetna zabawa.

3. Kiedy opowiadasz historię po raz kolejny, skup się na jej pozytywnych elementach i motywach. Alexis opowiedziała mi, że kiedy siedziała z przyjaciółką w parku, dostrzegła jastrzębia. Mogła w tym momencie przejąć punkt widzenia ptaka i zacząć opowiadać z jego perspektywy. Kiedy to zrobiła, jej słowa stały się magiczne. Opisywała świat wolny od grawitacji i swoje silne skrzydła, kiedy frunęła po niebie. Czuła się wszechmocna.

- Co dzieje się z twoim ciałem, kiedy opowiadasz historię z innej perspektywy?

- Jakie myśli przychodzą ci do głowy? Jakie uczucia? Wrażenia? Czym się różnią od wcześniejszych?

4. Powtórz tę opowieść po raz trzeci. Znajdź jeszcze jedną perspektywę, z której możesz ją opowiadać; możesz być dobrą wróżką albo skradającą się myszką.

5. Po trzech rundach spójrz na tę historię z dystansu. Która wersja podoba ci się najbardziej? Jaka kombinacja elementów jest najlepsza? Które myśli poprawiają ci samopoczucie? Która z perspektyw sprawiła, że twoje ciało się rozluźniło, oczy uśmiechnęły, poziom energii wzrósł, a podejście do życia stało się bardziej otwarte?

6. Zastanów się, jak by to było przyjąć w życiu inny punkt widzenia? A co, gdybyśmy codziennie wypróbowywali nowy? Jakie efekty by to przyniosło?

7. Kiedy przywołujemy stare schematy emocjonalne, aktywne eksperymentowanie z nową interpretacją/historią może stanowić duże wyzwanie. To w takich sytuacjach nowa perspektywa najbardziej się przydaje.

8. Pamiętaj: jeśli ciągle będziesz wierzyć w to, w co zawsze wierzyłeś, będziesz też reagować tak samo jak zawsze. To oznacza uzyskiwanie takich samych rezultatów. Dawne przekonania utrzymują cię w relacji z przeszłością.

Opowiadanie nowych historii zapewni ci energię, która pozwoli ci podążyć w bardziej satysfakcjonującym kierunku.

REFLEKSJA NAD WSPARCIEM PRAKTYKI

Zastanów się i odpowiedz na poniższe pytania.

Wypróbowując różne narracje, poszukaj sposobów, żeby cieszyć się nowymi sposobami bycia w twoim ciele.

Kiedy ostatnio próbowałeś czegoś nowego, zamiast kroczyć wydeptaną ścieżką? Jak to odczuwałeś w ciele? Czy przychodziły ci do głowy inne myśli? Uczucia?

_____

_____

_____

_____

Jak przygotowałeś się na ten krok?

_____

_____

_____

_____

Jakie przygotowania okazały się najważniejsze?

_____

_____

_____

_____

_____

Czy przed podjęciem tego kroku miałeś ochotę się wycofać?
Jeśli tak, jak udało ci się przed tym powstrzymać? Co mogło
przyczynić się do takiego, a nie innego rezultatu?

_____

_____

_____

_____

Przybliż kontekst, w którym udało ci się tak postąpić. Jakie były
okoliczności? Czy ktoś inny miał w nim swój udział? Jeśli tak,
napisz o tym.

_____

_____

Jakie wydarzenia rozgrywające się w różnych obszarach twojego życia miały na to wpływ? Czy w jakiś sposób przygotowały cię one do podjęcia tych kroków?

Zastanów się, jak możesz wykorzystać tę umiejętność w przyszłości. Skup się na korzyściach i nowych możliwościach, które ci daje.

REFLEKSJA NAD OPOWIADANIEM RAZ I WTÓRY

Na podstawie prac Michaela White'a

Kiedy wielokrotnie opowiadamy historie naszego życia (*Telling and Retelling* [*Opowiadanie raz i wtóry*], Michael White 1993), mamy szansę przemyśleć rezultaty doświadczanych wcześniej wydarzeń.

Odpowiedz na poniższe pytania i sprawdź, co się dzieje, kiedy zaczynasz obmyślać i opowiadać inną historię.

Pomyśl o takim doświadczeniu w twoim życiu, które cię zupełnie zaskoczyło. Jakie konkretne elementy czy wydarzenia miały wpływ na jego rezultat?

_____

_____

_____

_____

_____

Czy podjąłeś jakiś świadomy wysiłek, żeby go zmienić? Czy pomogły ci w tym konkretne relacje lub więzi?

_____

_____

_____

_____

_____

Co takiego się wydarzyło, że prawie cię to powstrzymało? Czy zboczyłeś z kursu? W jaki sposób udało ci się na niego wrócić?

_____

_____

_____

_____

Dlaczego nowy rezultat jest dla ciebie ważny? Czy czujesz się jakoś inaczej? W jaki sposób zmieniły się twoje myśli? Czy twoje ciało reaguje w jakiś nowy sposób?

_____

_____

_____

_____

Czy zauważasz, że twoje zachowanie zmienia się też w innych sytuacjach? Jeśli tak, opisz te zmiany.

_____

_____

_____

_____

_____

Umiejętność 9

WEŹ ZA PRZEWODNIKA STARSZĄ, MĄDRZEJSZĄ WERSJĘ SIEBIE

Cele

- Dostrzeżenie, że istnieje droga, która może cię przeprowadzić przez trudne chwile w życiu, choćby trwały one bardzo długo;
- Zauważenie, że jakaś część ciebie zna już tę drogę i może cię pokierować ku życiu, którego pragniesz;
- Zrozumienie, że to sposób na ugruntowanie dotychczas opanowanych umiejętności, takich jak „tworzenie nowej ścieżki: punkty wyboru" i podjęcie małych kroków we właściwym kierunku;
- Głębokie zakotwiczenie w wewnętrznej świadomości istnienia drogi, którą idziesz i kroków, które prowadzą cię do celu;
- Zapamiętanie, że jeśli zanotujesz czy narysujesz odebrane informacje, mądrość poprowadzi cię dalej.

Kiedy mamy dostęp do naszej wewnętrznej mądrości, kieruje nami ona od wewnątrz, dzięki czemu przemierzamy życiowe góry i doliny w towarzystwie silniejszego, pewniejszego „ja".

Wszyscy mają dostęp do tej mądrości, ale używają różnych pojęć do jej opisywania. Użyj tego, który jest dla ciebie odpowiedni. Nie ma właściwej drogi, nie ma niewłaściwego języka ani opisu dla więzi, którą masz z samym sobą.

Pamiętaj, że posiadasz dostęp do wspierającej cię, wewnętrznej mądrości.

Być może niektóre części ciebie będą chciały pokierować cię ku negatywnym rezultatom – być może ku przerażającej, wyobrażonej przyszłości, w której jesteś samotny, chory na Alzheimera i nikogo nie obchodzisz albo w której stajesz się wściekły, rozgoryczony i bezdomny. Mówię o tej możliwości otwarcie, bo niektóre części mogą zechcieć pociągnąć cię w takim kierunku.

Jeśli tak się stanie, poproś części dążące do pełnej cierpienia przyszłości, żeby poszły do osobnego pomieszczenia. Należy ich wysłuchać, ale celem tego ćwiczenia jest wsparcie, odżywienie i pokierowanie nas ku naszej głębszej wewnętrznej mądrości.

Tak jak wybitni sportowcy przygotowują się do zawodów, używając wizualizacji, tak my wykorzystamy medytację, żeby przygotować się do rozwijania mądrości, nadziei i rozumienia wyjątkowej drogi, na którą wkraczamy.

ĆWICZENIE: SZUKANIE STARSZEGO, MĄDRZEJSZEGO SIEBIE

W tym ćwiczeniu pokieruję tobą poprzez medytację. Wyobrazisz sobie starszą, mądrzejszą wersję siebie i porozmawiasz z nią. Zaraz wszystko wyjaśnię, ale zacznijmy od kilku wskazówek:

Miej pod ręką materiały do rysowania i pisania. Wykorzystaj moją narrację jedynie jako punkt wyjścia. Bez wahania eksploruj inne możliwe wersje tej historii. Przystosuj ją do twojej wewnętrznej mądrości.

Możemy ruszyć przed siebie jedną z dwóch dróg – jedna jest wydeptana, dobrze znana i prowadzi do złego samopoczucia oraz do klatki zbudowanej ze starych przekonań. Druga jest nowa, ale pełna niepewności, pozornie niemożliwa. Może nam się wydawać, że pójście nią jest ułudą. Niektóre nasze części próbują wciągnąć nas w błoto wściekłej, zgorzkniałej, lepiej nam znanej przestrzeni w nas samych. Istnieje jednak sposób na to, by skupić naszą uwagę na konkretnym, życiodajnym punkcie widzenia. Łagodnie poproś te części, żeby udały się w jakieś bezpieczne miejsce i rusz przed siebie.

Jeśli nie czujesz się gotowy, wypróbuj inne sposoby!

Możesz narysować części, które stawiają temu ćwiczeniu opór. Pozwól kolorom i kształtom opisać twoje myśli, uczucia i wrażenia cielesne. Namaluj je, używając wielu barw i dorysuj chmurki, w których zapiszesz myśli.

Czy dzięki temu łatwiej będzie ci zbadać *starszą, mądrzejszą wersję ciebie*?

Jeśli czujesz się gotowy, przeczytaj poniższą historię

Będziemy szukać dostępu do starszej, mądrzejszej wersji twojego „ja", żeby sprawdzić, czy on/ona/ono może poprowadzić cię z przyszłości... Załóżmy, że ma 87 lat. Niektórym z nas może się wydawać, że to bardzo dużo! Młodsze osoby mogą wybrać nieco mniej niewyobrażalny wiek. Niezależnie od liczby, nawiążemy z tobą kontakt – jako starszą, mądrzejszą osobą, która pokonała już twoją drogę. To ta część ciebie, która poznała życie, która cierpiała, czuła ból i strach, a jednak w jakiś cudowny sposób odniosła sukces, choć nie znała drogi. Często musiała improwizować, ale wytrwała. Nie było to łatwe – czasem chciała się poddać. Czasem życie wydawało jej się zbyt trudne.

W jakiś sposób jej się udało. Zna drogę. Przeszła ją, przeżyła, doświadczyła. Wie bardzo wiele o integracji życiowych doświadczeń – zna wszystkie beznadziejne, trudne i piękne chwile. Wyobraź sobie tę osobę. Ona istnieje.

Pozwól, żeby twoją świadomość wypełniły impresje, płynące do ciebie poprzez myśli, uczucia, obrazy czy wrażenia cielesne. Przyjdą, kiedy się na nie otworzysz.

Jeśli masz ochotę pójść naprzód, oto scenariusz

Wyobraź sobie tę osobę, ciebie... Daj jej życie...

Jak wygląda w wybranym przez ciebie wieku?

Gdzie się znajduje? Siedzi? Stoi? Porusza się?

Jak wygląda jej otoczenie? Mieszka w mieście? Na wsi?

W co jest ubrana?

Jakie ma zajęcia?

W jakich relacjach żyje? Co jest dla niej ważne?

Czyta książki? Czasopisma? Jakie lubi filmy?

Zaproś wszystkie zmysły: jakie lubi zapachy?

Wyobraź sobie, jak porusza się po świecie, odbiera go zmysłami...

Na co lubi patrzeć? Czego lubi dotykać?

Odwiedźmy ją. Zmierzmy sie z nią. Dostrzeżmy, jak jej twarz promienieje na nasz widok. Zawsze cieszy się, że cię widzi; zadowolona, kiedy odchodzisz, zachwycona, kiedy powracasz. Zawsze ma dla ciebie czas. Lubi spędzać go z tobą, spacerować. Przez chwilę zagłębij się w jej obecność. Spójrz na miłość, która rozbłyska, kiedy wita cię w swoim świecie. Dostrzeż, jak to jest z nią być... Jak reaguje na nią twoje ciało?

Jeśli jakieś części ciebie się boją, uspokój je albo zaproś do bezpiecznej, pełnej miłości przestrzeni, kiedy ty pozostaniesz w jej obecności.

Rozluźnij się przy niej. Sprawdź, jak się do niej odnosisz. Rozejrzyj się: co widzisz? Słyszysz? Czujesz? Co pomaga ci poczuć się z nią dobrze?

Kiedy się w jej obecności uspokoisz, spokojnie się z nią zapoznaj.

Jakie pytania, zmartwienia i myśli się w tobie rodzą?

O co nie potrafiłeś zapytać nikogo innego?

Jakie lęki – zbyt przytłaczające, by się nimi dzielić – się w tobie kryją?

Spójrz, z jaką miłością na ciebie patrzy, jak dobrze czuje się w twojej obecności i sama ze sobą.

Usiądź i porozmawiaj z nią. Jak blisko siebie jesteście?

Usiądź tam, gdzie ci wygodnie... Jeśli chcesz, by cię dotknęła, pozwól jej dotknąć się tam, gdzie czujesz, że to bezpieczne.

Poczuj stałość jej obecności. To osoba, która daleko zaszła. Przebyła długą podróż. Wie, w jaki sposób dasz sobie radę. Wie, bo już to zrobiła.

Poczuj, jak twoje ciało rozluźnia się, zdając sobie sprawę z wagi jej obecności... Jest twoim sojusznikiem. Doświadczaj, jak napięcie opuszcza twoje ciało. Jeśli czujesz się bezpiecznie, podziel się z tą osobą twoim zmartwieniem i lękiem. Przynieś jej twoje problemy i wszystkie trudne życiowe doświadczenia. Poproś ją o pomoc. Niech twoje słowa płyną swobodnie. Możesz je też z siebie wyrzucić. Możesz się z nią komunikować, jak tylko zechcesz. Nie musisz robić tego „dobrze". Pozwól, by cię wysłuchała i by utuliła twoje zmartwienia. Dostrzeż, jak na ciebie reaguje…

Co mówi? Pozwól, by jej uspokajające słowa wypełniły twoje serce, umysł, ciało i duszę. Kiedy poczujesz gotowość, podziękuj jej… i zacznij zmierzać ku końcowi waszej rozmowy.

Oddychając u jej boku, poczuj wdzięczność.

Co takiego wydarzyło się podczas tej wizyty, co naprawdę doceniasz?

Co takiego wybrzmiało w rozmowie, co cię odżywiło i wsparło?

W jaki sposób to doświadczenie pomoże ci zrobić kolejny krok? Daj jej znać. Sprawdź, w jaki sposób odbierze tę informację.

Przez chwilę dziel się obserwacjami ze starszą, mądrzejszą wersją siebie.

Weź kilka głębokich oddechów i dołącz do naszego kręgu tu i teraz.

Weź kartkę i zanotuj lub narysuj, co się wydarzyło. Doświadczaj na nowo słów i uczuć, relacjonując, co się działo w waszym wspólnie spędzonym czasie.

Zanim skończymy, przez chwilę poczuj, jak to jest być w twoim ciele… Jakie przychodzą ci do głowy myśli? Uczucia? Jakie jest twoje fizyczne doświadczenie przebywania w ciele? Czujesz pewność siebie, zadowolenie, spokój? Czy masz zupełnie inne myśli, uczucia i wrażenia? A może masz poczucie, że podczas tego ćwiczenia twoje doświadczenia były wielorakie? W jaki sposób twoje ciało ci to przekazuje? Niektórym pomaga rysowanie i zapisywanie tego, co się stało – jest to sposób na utrwalenie doświadczenia.

CZĘŚĆ III

ZAKOŃCZENIE

PRAKTYKA, PRAKTYKA, PRAKTYKA

Ktoś zapytał mnie kiedyś: „Jaka praktyka najbardziej pomaga w radzeniu sobie z traumą?".

Moja odpowiedź była prosta. Zgadniecie?

Najlepsza jest ta praktyka, którą praktykujesz.

Istnieje wiele uzdrawiających, skutecznych strategii. Niektóre pomagają jednym, inne – drugim. Jeśli jesteś do mnie choć trochę podobny, będziesz chciał, żeby wszystko zmieniło się od razu, łącznie z tobą samym!

Jednak dzięki pracy z niezliczonymi klientami odkryłam, że umiejętności, które stają się później elementem twojego arsenału w trudnych chwilach, można opanować jedynie dzięki regularnemu powtarzaniu jednej rzeczy naraz.

Te umiejętności muszą być tak rozwinięte i tak wbudowane w twoją podświadomość, że kiedy robi się gorąco, korzystasz z nich niemal automatycznie.

A to oznacza praktykę, praktykę, praktykę.

Musimy ćwiczyć to, czego chcemy się nauczyć. Kiedy praktykujesz dowolną z umiejętności, poznajesz ją coraz z lepiej i z większą łatwością utrwalasz. Wreszcie staje się ona częścią pamięci proceduralnej (nawykowej) i zastępuje stare, dysfunkcyjne nawyki.

Aktywnie ćwicz każdego dnia

Dzięki temu mądrość kogoś z zewnątrz staje się częścią także twojego wnętrza. Często to najważniejsze ze wszystkiego!

Praktykuj często

Zachęcam cię do praktykowania codziennie tej samej umiejętności, tak byś wdrukował ją sobie równie mocno, co nawyki, które starasz się zmienić. Wielu osobom pomaga prowadzenie dziennika doświadczeń i wracanie do swoich notatek wtedy, kiedy praktyka staje się trudna.

Często zadawane pytania

Przez ostatnie 30 lat otrzymałam wiele pytań i komentarzy od moich klientów. Tu odpowiadam na niektóre z nich. Być może masz podobne pytania. Jeśli nie znajdziesz odpowiedzi tutaj, pamiętaj, że na pytania czytelników odpowiadam także na Facebooku; możesz zadać mi pytanie tam lub mailem dfay@dfay.com. Odpowiem na nie podczas kolejnych facebookowych sesji na żywo.

- DLACZEGO SKUPIASZ SIĘ NA UMIEJĘTNOŚCIACH?
- Wielu z nas nie miało tyle szczęścia, by wychowywać się wśród ludzi, którzy pomogliby nam w dzieciństwie zorgani-

zować nasz wewnętrzny świat. Nauczenie się tych prostych umiejętności sprawia, że życie staje się łatwiejsze.

- **TRUDNO MI WYTRZYMAĆ W MOIM CIELE, MÓJ UMYSŁ JEST ROZPROSZONY, A JA CZASEM CZUJĘ SIĘ STRASZNIE PRZYTŁOCZONY. NIE UMIEM SOBIE WYOBRAZIĆ, ŻEBY TO SIĘ MIAŁO ZMIENIĆ.**

- To niektóre spośród objawów traumy i zranienia więzi. Istnieje prosta droga do zdrowienia, a opisane w tej książce umiejętności prowadzą cię ku niemu. Wprowadzenie ich w nawyk wymaga praktyki, ale kiedy się to uda, twoje ciało, umysł i serce będą miały dokąd wrócić w momencie zetknięcia z wyzwalaczem.

- **W JAKI SPOSÓB OPRACOWAŁAŚ SWOJĄ METODĘ?**

- To wynik mojego własnego procesu zdrowienia. Wiele lat temu, kiedy Bessel van der Kolk poprosił mnie o stworzenie programu terapii grupowej w jego klinice, głęboko zastanawiałam się nad tym, co wiele lat wcześniej pomogło wyzdrowieć mnie samej. Wszystkie warsztaty, kursy i szkolenia, które prowadzę, to wynik moich osobistych doświadczeń, które pomogły wielu ludziom w ich procesie zdrowienia. Zaczęłam od nauczania umiejętności bezpiecznego ucieleśniania podczas dziesięciotygodniowego kursu, który okazał się tak inspirujący, że uczestnicy chcieli dowiedzieć się więcej. Rozszerzyłam program do 24 tygodni i dodałam drugi, a potem trzeci moduł dla wszystkich, którzy chcieli się dalej rozwijać. Dr Janina Fisher przysyłała mi swoich klientów, mówiąc, że dzięki pracy grupowej „szybciej im się poprawia". Po pewnym czasie dołączyła do mnie jako współprowadząca.

Pytanie ukryte w pytaniach

We wszystkich powyższych pytaniach kryje się drugie dno: Czy uda się MNIE? Czy mogę się zmienić? Czy zdołam przeformułować swoje bolesne schematy i wieść bardziej spełnione życie? Czy uda mi się uporządkować mój szalony świat wewnętrzny? Prosta odpowiedź brzmi: tak.

Wymaga to trochę pracy. Potrzebujesz cierpliwości, praktyki i wiary w możliwości. Musisz słuchać swojego serca – jak wtedy, kiedy podczas czytania tych słów zaczęło bić szybciej.

Musisz pozwolić nadziei w tobie rosnąć. Karmić ją, pozwolić jej rozkwitać. Zwrócić się ku niej, ku możliwości zmiany tego, co powinno się zmienić.

Obserwowałam, jak ludzie dokonują w swoim życiu niesamowitych zmian. Terapeuci z całego świata opowiadali mi o zmianach, które zaszły u ich klientów.

To wydarza się krok po kroku. Często centymetr po centymetrze i milimetr po milimetrze. I wiesz co? Tak jest najlepiej. Kiedy za bardzo się spieszymy, często zapominamy odłożyć na miejsce drobne elementy.

System bezpiecznego ucieleśniania służy jako mapa i przewodnik. W książce przedstawiłam dziewięć kluczowych umiejętności, które pomogą ci zadomowić się w twoim wewnętrznym świecie, uczynić twoje ciało bezpiecznym miejscem odpoczynku, refleksji i dobrego samopoczucia, a także podjąć kroki, byś stworzył życie, jakiego pragniesz, zamiast takiego, do jakiego zmusza cię twoja historia.

Jeśli znajdujesz się na swojej drodze ku zdrowieniu i chcesz eksplorować te umiejętności, masz mnóstwo możliwości, by uczyć się, rozwijać i rozkwitać. Na przestrzeni lat wiele osób opowiadało mi o tym, jak wypróbowali choćby jedną wskazówkę opisaną w tej książce, a ta okazała przełomową zmianą w ich życiu. Często słyszymy o tym od osób, które przeczytały książkę, wzięły udział w kursie bezpiecznego ucieleśniania online lub przystąpili do naszych grup.

Chcesz usłyszeć inspirujące historie lub przejrzeć darmowe materiały? Bardzo chciałam się nimi z tobą podzielić, więc stworzyłam na swojej stronie internetowej specjalny dział.

By zyskać dostęp do darmowych bonusów do książki, wpisz w przeglądarkę adres:

www.dfay.com/resources

Jeśli do nas dołączysz, prześlę ci serię wiadomości, które jeszcze pogłębią twoją wiedzę. Mam też dla ciebie kilka niespodzianek. Dołącz jak najszybciej!

Wszystkiego co najlepsze,
Deirdre Fay

CHWILE WDZIĘCZNOŚCI

Zastanów się i odpowiedz na poniższe pytania.

Badania dowodzą, że wdzięczność ma wielką siłę jako przewodni dar w naszym życiu. Oto sposób na jej praktykowanie. Która z umiejętności bezpiecznego ucieleśniania szczególnie zwróciła twoją uwagę?

Spróbuj narysować lub zapisać, co przyszło ci do głowy. Może to być nowa szansa, nowe wrażenie, nowo odkryta więź, której wcześniej ci brakowało, wykorzystana umiejętność lub kombinacja powyższych. Spokojnie ubierz to w słowa, kształty, rysunki.

Jakie słowa przychodzą ci do głowy? Obrazy? Uczucia?

_____

_____

_____

_____

_____

Jak się czujesz, kiedy się z nimi łączysz? Jak reaguje twoje ciało?

_____

_____

_____

_____

_____

Teraz pomyśl o ludziach, którym jesteś wdzięczny. Jakie doświadczenia, duże i małe, stworzyły tę wdzięczność? Zapisz imiona tych osób. Za co jesteś im wdzięczny najbardziej? (Być może jest to więcej rzeczy, ale wybierz jedną).

_____

_____

_____

_____

_____

Napisz liścik lub narysuj obrazek, którym wyrazisz swoją wdzięczność. Może to być jedno słowo, zdanie lub akapit, albo i cały list. Włóż go do koperty i wyślij. Możesz też nagrać filmik z podziękowaniami. Nie zapomnij go wysłać.

_____

_____

_____

_____

Co się dzieje, kiedy przebywasz z wdzięcznością?

_____

_____

_____

_____

Ja jestem wdzięczna tobie. Za odwagę wejścia na drogę prowadzącą ku zdrowiu. Za to, że masz w sobie gotowość, by pełniej stać się sobą. Każdy z nas ma już w sobie tę drogę. To ona nas wszystkich prowadzi.

Niech każdego dnia spotyka cię miłość. Niech każdy krok rozświetla światło świadomości, która cię prowadzi. Zaufaj swemu sercu, które mówi, że da się przez to przejść. Wsłuchaj się w siebie. Serce jest twoim przewodnikiem. Możesz mu zaufać. Nawet kiedy masz przez nie kłopoty, twoim prawdziwym celem jest powrót do siebie w sposób stabilny i pełen mocy. Uwierz w to.

Nie jesteś sam. Nie jesteś sama. Masz w sobie dar. Twoje serce zawsze cię wezwie. Zawsze. Od tysięcy lat i tysięcy żyć coś kieruje nami od wewnątrz. Słuchaj. Wsłuchaj się w siebie. Wsłuchaj się w swoje serce.

INDEKS REFLEKSJI, NOTATEK I ĆWICZEŃ

Refleksje/Notatki

Ćwiczenia

DODATKOWE ŹRÓDŁA

Wstęp

Ogden P., Minton K., Pain P., *Trauma and the body: a sensorimotor approach to psychotherapy*, Norton, New York 2006.

Kolk B.A. van der, McFarlane A., Elisabeth L., *Traumatic stress: The effects of overwhelming experience on mind, body and society*, Guilford Press, New York 1996.

Kolk B.A. van der, & Filler R., *Dissociation and the fragmentary nature of traumatic memories: overview and exploratory study*, „Journal of Traumatic Stress" 1995, z. 8(4), s. 505–525.

Treść

Agazarian Y., *Systems-centered therapy for groups*, Guilford Press, New York 1997.

Ainsworth M.D.S., Blehar M.C., Waters E., Wall S., *Patterns of attachment: A psychological study of the strange situation*, Lawrence Erlbaum Associates Inc, Hillsdale 1978.

Aposhyan S., *Natural intelligence: Body-mind integration and human development*, NOW Press, Boulder 2007.

Aposhyan S., *Body-mind psychotherapy: Principles, techniques, and practical applications*, W.W. Norton & Company, New York 2004.

Assagioli R., *Transpersonal development: The dimension beyond psychosynthesis*, Smiling Wisdom/Inner Way Productions, Forres 1988/2007.

Barks C., *The essential Rumi*, HarperCollins, New York 1995.

Beckes L., IJzerman H., Tops M., *Toward a radically embodied neuroscience of attachment and relationships*, „Frontiers in Human Neuroscience" 2015, z. 9, s. 266.

Begley S., *Train Your Mind, Change Your Brain: How a New Science Reveals Our Extraordinary Potential to Transform Ourselves*, Ballentine Books, New York 2007.

Bowlby J., *Attachment and loss,* Vol. 1. *Loss,* Basic Books, New York 1969.

Bowlby J., *Attachment and loss,* Vol. 2. *Separation,* Basic Books, New York 1973.

Bowlby J., The making and breaking of affectional bonds, Brunner-Routledge, New York 1979.

Bowlby J., *Attachment and loss,*Vol. 3. Loss, sadness, and depression, Basic Books, New York 1980.

Bowlby J., *Przywiązanie*, przeł. M. Polaszewska-Nicke, Wydawnictwo Naukowe PWN, Warszawa 2022.

Bremner J.D., Marmar C.R. (red.), *Trauma, memory, and dissociation,* American Psychological Association, Washington 1998.

Bretherton I., *The origins of attachment theory: John Bowlby and Mary Ainsworth*, „Developmental Psychology" 1992, z. 28, s. 759–775.

Bretherton I., Munholland K.A., *Internal working models revisited*, [w:] J. Cassidy, P.R. Shaver (red.), *Handbook of attachment: Theory, research, and clinical applications,* Guilford Press, New York 1999, s. 89–111.

Bromberg P., *The Shadow of the tsunami and the growth of the relational mind,* Routledge, New York 2011.

Brown D., *Attachment seminar*, Newton 2005–2015.

Brown D., *Peak Performance Workshop*, Harvard University Continuing Education Conference notes and handouts, Boston 2012.

Brown D., *Workshop: Meditation & visualization practices for everyday living & well-being and to enhance peak performance*, Harvard Medical School Department of Continuing Education, Boston 2013.

Brown R., Gerbarg P., *The healing power of the breath: Simple techniques to reduce stress and anxiety, enhance concentration, and balance your emotions*, Shambhala Publications, Boston 2012.

Brown D. i inni, *Attachment disturbances in adults: Treatment for comprehensive repair*, W.W. Norton & Company, New York 2016.

Campbell J., Moyers B., *The power of myth*, Anchor Books, New York 1991.

Chu J., *Rebuilding shattered lives: The responsible treatment of complex posttraumatic stress and dissociative disorders*, Guilford Press, New York 1998.

Corrigan F, *Shame and the Vestigial Midbrain Urge to Withdraw*, [w:] U. Lanius, S. Paulsen, F. Corrigan, *Neurobiology and treatment of traumatic dissociation: Toward an embodied self*, Springer Publishing, New York 2014.

Corrigan F., Wilson A., Fay D., *Attachment and Attachment Repair*, [w:] U. Lanius, S. Paulsen, F. Corrigan, *Neurobiology and treatment of traumatic dissociation: Toward an embodied self*, Springer Publishing, New York 2014.

Corrigan F., Wilson A., Fay D., *The compassionate self*, [w:] U. Lanius, S. Paulsen, F. Corrigan, *Neurobiology and treatment of traumatic dissociation: Toward an embodied self*, Springer Publishing, New York 2014.

Elliott S., Edmonson D., *The new science of breath*, Coherence Press, Allen 2005.

Fay D., *Attachment-Based Yoga & Meditation for Trauma Recovery*, W.W. Norton & Company, New York 2017.

Fay D., *Trauma, attachment, & Yoga training manual*, 2015.

Fay D., *The Becoming Safely Embodied skills manual*, Heartfull Press, Boston 2007.

Fay D., *The Becoming Safely Embodied skills handouts*, Watertown 1986.

Fisher J., *Terapia osób, które przetrwały traumy złożone*, przeł. M. Moskal, Wydawnictwo Uniwersytetu Jagiellońskiego, Kraków 2019.

Fisher J., *Dissociative phenomena in the everyday lives of trauma survivors*, paper presented at the Boston University Medical School, 2015.

Fisher J., *Overcoming trauma-related shame and self-loathing*, CMI Education-PESI Workshop, Eau Claire 2013.

Fisher J., *Psychoeducational aids for treating psychological trauma*, Kendall Press, Cambridge 2010.

Freedman J., Combs G., *Narrative Therapy: The Social Construction of Preferred Realities*, W.W. Norton & Company, New York 1996.

Gendlin E., *Focusing*, Bantam Dell, New York 1978.

Germer C., Neff K., *Mindful Self-Compassion (MSC) Teacher Guide*, Center for Mindful Self-Compassion, San Diego 2014.

Germer C., *Samowspółczucie*, przeł. A. Sawicka-Chrapkowicz, Gdańskie Wydawnictwa Psychologiczne, Gdańsk 2022.

Germer C.K., Neff K.D., *Self-compassion in clinical practice*, „Journal of Clinical Psychology" 2019, z. 69, s. 856–867.

Gilbert P., *The evolution of social attractiveness and its role in shame, humiliation, guilt and therapy*, „British Journal of Medical Psychology" 1997, z. 70, s. 113–147.

Gilbert P., *What is shame? Some core issues and controversies*, [w:] P. Gilbert, B. Andrews (red.), *Shame: Interpersonal behavior, psychopathology, and culture*, Oxford University Press, New York 1998.

Gilbert P., *Evolution, social roles, and differences in shame and guilt*, „Social Research" 2003, z. 70, s. 1205–1230.

Gilbert P. (red.), *Compassion: Conceptualisations, research and use in psychotherapy*, Routledge, London 2005.

Gilbert P., *Psychotherapy and counselling for depression*, Sage, London 2007.

Gilbert P., *The compassionate mind*, New Harbinger Publications, Oakland 2009.

Gilbert P., *The nature and basis for compassion focused therapy*, „Hellenic Journal of Psychology" 2009, z. 6, s. 273–291.

Gilbert P., *Introducing compassion-focused therapy*, „Advances in Psychiatric Treatment" 2009, z. 15, s. 199–208.

Gilbert P., *Compassion focused therapy: The CBT distinctive features series*, Routledge, London 2010.

Gilbert P., Choden, *Uważne współczucie*, przeł. M. Sawicka-Chrapkowicz, Gdańskie Wydawnictwa Psychologiczne, Gdańsk 2019.

Gilbert P., Irons C., *Focused therapies and compassionate mind training for shame and self-attacking*, [w:] P. Gilbert (red.). *Compassion: Conceptualisations, research and use in psychotherapy*, Routledge, London 2005.

Gilbert P., McEwan K., Matos N., Rivis A., *Fears of compassion: Development of three self-report measures*, „Psychology and Psychotherapy: Theory, Research and Practice" 2011, z. 84(3), s. 239–255.

Gilbert P., McEwan K., Catarino F., Baião R., Palmeira L., *Fears of happiness and compassion in relationship with depression, alexithymia, and attachment security in a depressed sample*, „British Journal of Clinical Psychology" 2014, z. 53, s. 228–244.

Gilbert P, Miles J. (red.), *Body shame: Conceptualisation, research and treatment*, Routledge, Suffolk 2002.

Hanh T.N., *Walking meditation. Call me by my true names: The collected poems of Thich Nhat Hanh*, Parallax Press, Berkeley 1999.

Hanh T.N., *Cud uważności. Prosty podręcznik medytacji,* przeł. G. Draheim, Czarna Owca, Warszawa 2020.

Hanh T.N., *Spokój to każdy z nas,* przeł. M. Kłobukowski, Czarna Owca, Warszawa 2008.

Herman J.L., *Trauma. Od przemocy domowej do terroru politycznego*, przeł. M. Reimann, Czarna Owca, Warszawa 2020.

Junger S., *Tribe: On Homecoming and Belonging*, Twelve/Grand Central Publishing, New York 2016.

Katherine A., *Boundaries: Where you end and I begin,* Fireside/Simon & Shuster, New York 1993.

Klein J., *I Am*, Non-Duality Press, Third Millennium Publications, Salisbury 1989.

Kornfield J., *Mądrość serca. Praktyka buddyjska w świecie zachodnim,* przeł. M. Lorenc, Samsara, 2017.

Krpālvānanda S., *Science of meditation*, Shri Dahyabhai Hirabhai Patel, Kayavarohan 1977.

Lanius U., Paulsen S., Corrigan F., *Neurobiology and treatment of traumatic dissociation: Toward an embodied self*, Springer Publishing, New York 2014.

Levine P., *Obudźcie tygrysa. Leczenie traumy,* przeł. B. Jarząbska-Ziewiec, Czarna Owca, Warszawa 2012.

McDonald K., *How to Meditate: A Practical Guide*, Wisdom Publications, Somerville 2005.

Muktananda, *I am that: The science of hamsa from the Vijñāna Bhairava*, SYDA Foundation, South Fallsburg, New York 1992.

Muni R., *Awakening life force: The philosophy and psychology of spontaneous yoga*, Llewelyn Press, St. Paul 1994.

Napier N., *Getting Through the Day. Strategies for Adults Hurt as Children*, W.W. Norton & Company, New York 1994.

Napier N., *Recreating Your Self: Building Self-Esteem Through Imagining and Self-Hypnosis*, W.W. Norton & Company, New York, 1996.

Neff K., *Self-compassion: Stop beating yourself up and leave insecurity behind*, HarperCollins, New York 2011.

O'Donohue J., *Eternal Echoes: Celtic Reflections on Our Yearning to Belong*, Harper Collins, New York 1999.

Ogden P., *Trauma and the Body*, W.W. Norton & Company, New York 2006.

Oliver M., *The Journey, Dream Work*, Atlantic Monthly Press, New York 1986.

Pema Chödrön, *Start Where You Are: A Guide to Compassionate Living*, Shambhala Publications, Boulder 1994.

Pema Chödrön, *When Things Fall Apart*, Shambhala Publications, Boulder1997.

Rothschild B., *The Body Remembers*, W.W. Norton & Company, New York 2000.

Salzberg S., *Lovingkindness: The Revolutionary Art of Happiness*, Shambhala Publications Boulder 1995.

Schwartz R., *Internal Family Systems*, Guilford Press, New York 1995.

Hart O. van der, Nijiuenhuis E., Steele K., *The Haunted Self*, W.W. Norton & Company, New York 2006.

Kolk B. van der, *Traumatic Stress: The Effects of Overwhelming Experience on Mind, Body, and Society*, Guilford Press, New York 1996.

Weintraub A., *Yoga for Depression: A Compassionate Guide to Relieve Suffering Through Yoga*, Broadway Books, New York 2004.

White M., *Maps of Narrative Therapy*, W.W. Norton & Company, New York 2007.

Whyte D., *The House of Belonging*, Many Rivers Press, Langley 1996.